Weisheit auf Samtpfoten

Die Botschaft der Katzen

Sabina Pilguj

Weisheit auf Samtpfoten

Die Botschaft der Katzen

vianova
Verlag Via Nova

1. Auflage 2009
Verlag Via Nova, Alte Landstr. 12, 36100 Petersberg
Telefon: (06 61) 6 29 73
Fax: (06 61) 96 79 560
E-Mail: info@verlag-vianova.de
Internet: www.verlag-vianova.de
www.transpersonale.de
Umschlag: Kommunikationsdesign Guter Punkt, München
Satz: Sebastian Carl, 83123 Amerang
Druck und Verarbeitung:
Fuldaer Verlagsanstalt, 36037 Fulda

ISBN 978-3-86616-131-3

Inhalt

Dieses Buch widme ich

Santo

(und allen anderen Seelenkatzen),

gefunden im spanischen Müll
der Sonneninsel Ibiza im Juni 2004,
gestorben an meinem Herzen
am 9. Februar 2007.

Vorwort

Katerchen Santo hat nicht nur meinen Alltag bereichert, sondern mir auch sehr viele Botschaften übermittelt.

Es sind Botschaften, die aber nicht nur Santo und mich betreffen. Es scheint so, als würden alle Katzen Botschaften für uns Menschen haben. Viele dieser Botschaften haben mir all die geheimnisvollen Katzenseelen übermittelt. Diese Botschaften möchte ich mit interessierten Menschen teilen.

Die Botschaften helfen uns Menschen, das Leben bewusster zu leben, neue Sichtweisen zu erlangen und das Leben leichter zu nehmen.

Die verschiedenen Botschaften und Themen habe ich nicht nach einer „Wertigkeit“ sortiert, sondern einfach so, wie sie mir in den Sinn kamen.

Katzen fallen vom Himmel

Katzen fallen natürlich nicht wirklich vom Himmel, aber viele Katzen suchen sich ganz bewusst die Menschen aus, mit denen sie zusammenleben wollen.

Es scheint so, als tauchten sie plötzlich von irgendwoher auf, fast so, als ob sie vom Himmel gefallen seien. Sie sind plötzlich da, wie eine Sternschnuppe am Himmel. Sternschnuppen verschwinden schnell am Nachthimmel, doch die Katzen bleiben meistens für immer. Sie schauen dann die Menschen so tief an, dass die Katze die Seele der Menschen berührt. Es entsteht sehr schnell eine tiefe „Herzensverbindung". Katzen finden Menschen mit einem liebevollen Wesen und das Tier wird sich dem Menschen schnell anvertrauen.

So war es auch mit Santo:

Santo war mein „Traumkater". Ich hatte einmal geäußert, wenn ich jemals einen zweiten Kater aufnehmen wollte, dann sollte er so aussehen, wie ein kleiner Kater, den ich in der Werbung sah: grau-getigert mit blauen Augen.

Als ich mit meiner Familie und unserem Kater Jio eine Zeit lang auf Ibiza war, wollte ich unbedingt die Mitarbeiter der Tierschutzorganisation von D.U.O.[1] kennen lernen.

---

1 D.U.O. bedeutet „DANOS UNA OPORTUNIDAD" – „Gebt uns eine Chance"

Ich bin auf die Organisation aufmerksam geworden, weil sie sich sehr für Podencos (faszinierende Wind- und Jagdhunde) auf Ibiza einsetzt. DUO –CATs betreut die Katzen auf Ibiza. Die Katzenmama dort heißt Agnes. Als wir bei Agnes auf der Finca waren, erzählte sie uns, dass sie am vorherigen Tag kleine Katzenbabys aus dem Müll gefangen habe. Wir gingen in das Katzen-Baby-Haus und ich dachte, ich habe geträumt. Ein kleiner, hellgrau getigerter Kater mit tiefblauen Augen sah mich an. Ungläubig rieb ich mir die Augen – aber da saß er immer noch. Genau wie aus der Werbung! Seine Katzengeschwister sahen alle anders aus.

So schien es, als sei Santo extra für mich „vom Himmel“ gefallen, und ich nahm ihn mit nach Deutschland. So begann unsere tiefe Herzensverbindung.

Es kann aber auch anders sein:

Einige Katzen verschwinden wie Sternschnuppen, wenn sie sich bei ihrem Menschen nicht mehr wohlfühlen. Einfangen und zurückbringen hilft gar nichts, denn die Katzen verschwinden sowieso meistens wieder. Sie tauchen dann plötzlich in ihrem neu ausgesuchten Wunschzuhause auf – so unerwartet wie eine Sternschnuppe am Himmel.

Eine Katze sorgt also sehr gewissenhaft für ihr persönliches Wohlergehen: Sie umgibt sich mit Menschen, die ihr wohlgesonnen sind und die liebevoll mit ihr umgehen – und SIE sucht sich ihre Menschen aus.

Eine Katze macht keine Kompromisse – fühlt sie sich unwohl, wird sie – wenn sie die Möglichkeit hat – gehen.

Wir Menschen sollten uns auch mehr um unser persönliches Wohlergehen kümmern. Genau schauen: Wo und mit welchen Menschen fühlen wir uns wohl und wann ist es nicht so? Menschen und Orte, an denen wir uns wohlfühlen, tun uns auch gut. Wo wir uns unwohl fühlen, können wir nicht richtig präsent sein und unsere Persönlichkeit kann dort nicht strahlen.
Genau schauen, wo und mit welchen Menschen wir uns wohlfühlen, das tut uns gut.

Träumen

Katzen lieben es, in der Dunkelheit auf der Fensterbank zu sitzen und in die Nacht hinauszuschauen. Sie träumen von der Unendlichkeit fernab von Zeit und Raum.

Jeden Abend, wenn ich mein Schlafzimmer gelüftet habe, ist Santo sofort auf die Fensterbank gesprungen, um in den Himmel zu schauen.

Ich stellte mich sehr gerne zu ihm an die Fensterbank. Es war immer eine sehr ruhige und friedliche Stimmung, wenn wir beide dann zusammen in den Himmel schauten. Manchmal waren wir traurig und manchmal auch bewegt vor Glück – und manchmal sahen wir auch eine Sternschnuppe....

Viele Abende haben Santo und ich in die Sterne geschaut.

Katzen blicken gerne zum Mond und zu den Sternen hinauf. Es ist nicht nur entspannend und meditativ und vermittelt ein Gefühl der Unendlichkeit, sondern sie wissen:

Wenn nachts die Sterne leuchten,
leuchtet ein Stern nur für dich.

Das Gefühl, die Unendlichkeit zu spüren und träumend in den Abendhimmel zu schauen, sprengt alle inneren Grenzen. Durch diese friedliche Unendlichkeit des Kosmos erscheint alles grenzenlos und es entsteht Raum für unsere Visionen. Dieses Gefühl in uns Menschen erlaubt uns, unsere Visionen wahrzunehmen.

Öfter in die Sterne schauen, träumen und die friedliche Unendlichkeit spüren.

Bedürfnisse zeigen

Katzen zeigen ganz klar ihre Bedürfnisse. Sie machen keine Umwege, spielen Theater oder schmollen herum, sie sind ganz klar in ihrem Ausdruck! Wenn eine Katze ihre Ruhe haben möchte, wird sie es ganz deutlich zeigen, auch wenn sie ihre Krallen zur Hilfe nehmen muss.

Möchte eine Katze Nähe und Zuwendung, dann wird sie dieses Bedürfnis auch ganz penetrant einfordern.

Katzen sind wahre Meister der Offenheit und im klaren Zeigen und Einfordern ihrer Bedürfnisse.

Wenn Santo seine Ruhe haben wollte, dann hat er sich immer still und heimlich an einen ruhigen Ort zurückgezogen. Brauchte er aber Nähe und Zuneigung, dann konnte er auch sehr aufdringlich sein und sich irgendwie an meinen Körper klammern. Oder er setzte sich auf die Tastatur meines Computers, so dass ich nicht weiterschreiben konnte. Wenn ich ihm dann ein paar Streicheleinheiten und ein paar liebe Worte geschenkt hatte, suchte er sich ein entspannteres Plätzchen zum Schlafen. Wenn ihm mal wieder die Kristalle – er hatte eine angeborene Blasen- und Nierenschwäche. Es bildeten sich immer wieder verschiedene Kristalle im Urin – in seiner Blase Schmerzen verursachten, dann drehte er sich immer auf den Rücken, weil ich seinen Bauch streicheln und massieren sollte.

All seine Bedürfnisse forderte er ohne Worte ein – er wusste, was er wollte und brauchte, und zeigte dies auch unmissverständlich.

Santo hat mir gezeigt, wie einfach es sein kann, seine Bedürfnisse zu zeigen.

Wir Menschen tun uns so sehr schwer damit, unsere wirklichen Bedürfnisse zu äußern und zu zeigen. Wir sollen unsere Bedürfnisse klar zum Ausdruck bringen, dann bräuchten wir so vieles nicht zu ertragen oder still vor uns hin zu leiden. Es braucht nur ein wenig Mut und Bereitschaft, die Bedürfnisse auszudrücken. Haben wir es verlernt, dann sollten wir schnell lernen, uns klar auszudrücken.

Bedürfnisse zu zeigen kann ganz einfach sein und gut tun.

Standfestigkeit

Katzen haben die besondere Fähigkeit: Wann immer sie fallen, fallen sie auf ihre Pfoten. Es gibt nur sehr wenige Tiere, die so eine besondere Gabe besitzen.

Da die Katzen immer wieder mal mehr oder weniger sanft auf ihren Pfoten landen, scheinen sie gut „geerdet" zu sein. Man sagt den Katzen nach, sie seien sehr weise und spirituelle Wesen, aber dennoch sind sie gut mit „Mutter Erde" in Kontakt. Sonst würden sie nicht so gezielt wieder auf ihren Pfoten landen.

Lernen wir doch von den Katzen, auch so standfest in Kontakt mit Mutter Erde zu bleiben.

Wir Menschen neigen dazu, in all der Hektik des Alltags manchmal zu stolpern und zu straucheln. Andere Menschen fühlen sich manchmal sehr „abgehoben" von der Erde und wenig standfest.

Bei all unserem Sein und Tun ist es sehr wichtig, standfest zu bleiben. Gehen wir doch mal bewusst auf unseren Füßen durchs Leben und beobachten und nehmen unsere Standfestigkeit wahr!

Bewusst und mit Standfestigkeit durchs Leben zu schreiten erfordert keinen großen Aufwand, nur Achtsamkeit. Standfestigkeit ist die Wurzel unseres Wachstums.

Vertrauen in die Intuition

Katzen sind sehr feinfühlige Wesen. Sie haben eine außergewöhnlich gute Verbindung zu ihrer Intuition. Sie spüren fast alles und man kann ihnen nichts vormachen.

Katzen wirken manchmal wie „heilende Engel“, denn sie wissen genau, wenn es ihrem Menschen nicht gut geht. Sie sind sofort da, suchen Kontakt und schnurren. Manche Katzen spüren sogar genau den Körperbereich, der uns gerade Sorge bereitet, und legen sich dann auf diesen Bereich.

Santo wusste immer ganz genau, was mit mir los war. Wann immer es mir nicht gut ging – er war sofort da und gab mir seine heilende Energie über sein Schnurren. Hatte ich körperliche Beschwerden, legte sich Santo sofort auf diesen Körperbereich. War ich traurig, dann schnurrte Santo an meinem Herzen.

Katzen versuchen nicht immer eine Lösung über den Intellekt zu finden – sie denken weniger und spüren mehr.

Menschen denken einfach zu viel. Zuviel Denken entfremdet uns von den Gefühlen. Wir Menschen müssen manchmal lange Zeit üben, entspannen oder meditieren zu lernen. Wir müssen immer wieder üben und lernen, die vielen kreisenden Gedanken auszuschalten, um mit unserer Intuition und unserem Gefühl in Kontakt zu kommen.

Katzen leben in ihrem Gefühl und ihrer Intuition. Dadurch können sie sehr gut fühlen und spüren.

Wir Menschen sollten auch wieder lernen (die meisten Kinder können es noch sehr gut), auf unser Gefühl zu achten und so unsere Intuition zu schulen.
Zur Ruhe kommen, Gedanken abschalten und die Intuition schulen.

Keine Zeit verschwenden

Katzen verschwenden keine Zeit mit irgendwelchen Grübeleien oder Ärger. Ich glaube, sie wollen ihre kostbare Lebenszeit nicht mit Ärger, Problemen, Sorgen, Grübeleien verschwenden, und sie geben solchen "Zeiträubern" einfach keinen Raum.

Würde eine Katze sich ärgern, weil ihr zum Beispiel auf einem Beutezug eine Maus entwischt ist, würde gar keine Aufmerksamkeit für eine kommende Situation zur Verfügung stehen. Darum verschwenden Katzen auch keine kostbare Lebenszeit mit unsinnigen Emotionen.

Wir Menschen grübeln sorgenvoll, ärgern uns stundenlang – doch ändern können wir oftmals gar nichts.
Wir sollten von den Katzen lernen, die Situation zu betrachten und anzunehmen, einfach einen neuen Versuch zu starten und die kostbare Zeit für schöne Dinge zu nutzen. Wir Menschen haben doch nur ein Leben (die Katze aber sieben!).

Keine kostbare Lebenszeit mit Sorgen, Ärger und Grübeleien verschwenden – einfach die Situation annehmen und mit dem „Abenteuer Leben" fortfahren.

Vertraue dem Universum

Katzen lehren uns, dem Universum zu vertrauen.

Santo war einmal sehr lange krank und musste sogar einige Tage in einer Tierklinik verbringen. An erster Stelle stand für mich Santos Gesundheit und dann kam natürlich auch noch die finanzielle Belastung. Santo wurde zu einem Zeitpunkt krank, an dem meine Finanzen ein großes Loch hatten.

Als ich dann die Rechnung der Tierklinik bekam, wurde mir schon ganz mulmig zu Mute, zumal ich wusste, dass vom örtlichen Tierarzt auch noch Rechnungen kommen würden. Ich hatte große Sorge, all diese Rechnungen nicht bezahlen zu können.

Aber ich war glücklich, den kleinen Fratz mit den magisch blauen Augen wieder im Arm halten zu dürfen. Als ich ihm von meinem finanziellen Dilemma erzählte, schaute er mich lange an und begann sorglos zu schnurren.

Es beruhigte mich in diesem Moment.

In den nächsten Tagen bekam ich unerwartete Anfragen: Eine Person suchte einen besonderen Edelstein, den ich verkaufen konnte. Eine andere Person wollte meine Kinderentspannungs-CD auf einem Seminar für mich verkaufen. Eine fast in Vergessenheit geratene offene Rechnung wurde beglichen ... Auf einmal und unerwartet war mein Finanzloch gestopft worden.
Santo vertraute dem Universum, er wusste, dass für uns gesorgt wird.

Wir Menschen sollten lernen, mehr zu vertrauen, denn für uns alle ist gesorgt. Wir müssen uns nur für die vorhandene Fülle öffnen und uns nicht durch Sorgen begrenzen lassen.

Vertrauensvoll sein und die Fülle fließen lassen.

Entschlossenheit

Santo wusste ganz genau, was er wollte.

Seit seiner Ankunft in Deutschland schlief Santo an meinem Herzen. Er wurde hier sehr krank, und ich trug den kleinen Kater im Hochsommer im Fleecepullover an meinem Herzen. Dort sollte er sich aufgehoben und gewärmt fühlen – und so fühlte er sich auch. Santos sicherer Schlafplatz war von nun an an meinem Herzen.

Santo forderte seinen Schlafplatz mit seiner größten Entschlossenheit ein. Er war nicht aufdringlich oder nervig, er war einfach da. Er legte sich ganz nah an mein Herz und begann zu schnurren. Manchmal ging er nach einiger Zeit, manchmal lag er auch die ganze Nacht dort.

Da ich aber nicht immer einen ruhigen Schlaf habe und mich auch des Öfteren in der Nacht im Bett gedreht habe, war es für Santo kein Problem: Sein Entschluss stand ja fest, an meinem Herzen zu liegen, also folgte er mir und meinem Herzen.

Manchmal tat der kleine Kerl mir richtig leid, so oft musste er meinem Herzen hinterher krabbeln, wenn ich mich wieder gedreht hatte.

Aber er war stets entschlossen und hat so jede Mühe und Anstrengung in Kauf genommen, um sein Ziel nicht aus den Augen zu verlieren, an meinem Herzen zu schlafen.
Diese Ausdauer, Entschlossenheit und große Geduld, sein Ziel umzusetzen, habe ich sehr an Santo bewundert.

Dabei ist es dann scheinbar ganz einfach, sein Ziel auch zu erreichen ...

Wir Menschen können dadurch ermuntert werden, unsere Ziele wirklich mit aller Entschlossenheit zu verfolgen.
Egal, wie groß der Widerstand ist – niemals aufgeben und dem Weg des Herzen voller Entschlossenheit folgen.

Zen-Meditation

Katzen sind sehr begabte und begnadete Tiere, sie brauchen keine Einführung in die Meditationspraxis! Das ganze Leben einer Katze ist Meditation.

Wenn Katzen gehen, gehen sie bewusst.
Wenn Katzen jagen, jagen sie mit allen Sinnen bewusst.
Wenn Katzen sich putzen, putzen sie sich bewusst.
Wenn Katzen ruhen, dann ruhen sie bewusst,
und wenn sie schlafen, dann schlafen sie.

Katzen leben im Hier und Jetzt und das, was sie gerade tun, tun sie auch mit voller Aufmerksamkeit. Sie haben nicht tausend andere Gedanken im Kopf, sondern sind ganz bei dem, was sie gerade machen.

Katzen leben in der „Zen-Meditation".

Diese Botschaft ist sehr wichtig für uns Menschen. Wir haben immer viele Dinge auf einmal im Kopf und wollen so viel auf einmal erledigen. Deshalb nehmen wir das Wesentliche, was um uns herum geschieht, manchmal gar nicht wahr.

Was wir gerade tun, sollten wir mit größter Achtsamkeit und Bewusstheit verrichten, dann kann auch unser alltägliches Leben zur Meditation werden.

Bedingungslose Liebe

Einfach da sein.
Ein anderes Herz berühren, nah sein.
Liebe darf fließen – einfach so.
Nicht fragen, nichts erwarten.

„Wenn du einem Tier die Liebe deines Herzen zeigst, wird es dich täglich mit einer Fülle bedingungsloser Liebe beschenken."

Sollten wir Menschen es nicht auch unbedingt lernen, unsere bedingungslose Liebe fließen zu lassen?

Liebe ist die größte Kraft der Welt, sie verursacht keine Kosten und Mühen. Sie braucht einfach nur geteilt zu werden.

Für uns alle wäre es eine große Bereicherung. Lassen wir unsere bedingungslose Liebe ab heute einfach fließen.

Ein neuer Tag

Keine Katze würde jemals früh am Morgen hektisch und sofort mit tausenden von Gedanken im Kopf aus ihrem Körbchen oder Schlafplatz springen.

Erwacht die Katze am Morgen, beginnt sie zu blinzeln und sich genüsslich zur räkeln. Es scheint so, als würde sie diesen neuen Tag gebührend begrüßen. Sie reckt und streckt sich. Beobachtet man eine Katze am Morgen, könnte man meinen, sie würde sogar „Katzenyoga“ üben. Nachdem sie ihren eigenen „Sonnengruß“ getätigt hat, wird sie sich erheben und entspannt und freudig in den neuen Tag wandeln.

Klingelt bei uns Menschen der Wecker am Morgen, springen die meisten Menschen sofort aus dem Bett. Noch bevor sie aus dem Bett springen, beginnt manchmal schon im Kopf eine Maschinerie zu rattern, die viele und oft negative Gedanken produziert. Manche Menschen spüren schon argen Stress vor lauter Kopfsausen.

Klingelt der Wecker am Morgen, sollten wir uns auch erst mal bewusst recken und strecken und mit positiven Gedanken den neuen Morgen begrüßen. Wo freudige, schöne Gedanken ihren Raum einnehmen, haben Stressgedanken wenig Platz. Nur so können wir kraftvoll und freudig einen neuen Tag beginnen.
Den neuen Tag freudig und bewusst beginnen.

Entspannung

Katzen können jederzeit loslassen und sich entspannen.

Eben noch ins aktive Spiel vertieft, entdecken Katzen plötzlich die warmen Sonnenstrahlen und fangen an, sich genüsslich und entspannt zu putzen.

Einfach mal „nur da sein“ und nichts tun - nur schauen, dösen, sich genüsslich putzen oder entspannen.

Die Blicke in die Ferne schweifen lassen.

Sich genüsslich auf der Kuscheldecke recken und strecken und entspannt daliegen.

Für einen Moment einfach mal die Zeit anhalten und sich entspannen – das gibt dem Körper und dem Geist enorme Energie für den weiteren Alltag.

Lernen wir doch die Katzen zu beobachten, um uns lehren zu lassen, wie es mit der Entspannung funktioniert. Von 100 auf 0 herunterfahren, um durch Entspannung neue Kraft zu schöpfen.

Ruhe- und Entspannungszeiten bewusst einplanen, um Kraft zu schöpfen.

Durch das Leben wandeln

Eine Katze wird stets stolz und anmutig durchs Leben wandeln. Oder haben Sie schon einmal eine Katze mit hängendem Kopf beobachtet?

Egal, was eine Katze gerade erlebt hat (und es sind bestimmt nicht immer nur schöne und positive Dinge), sie behält immer ihren inneren Stolz und ihre Anmut und schreitet einfach weiter durchs Leben. So, als würde sie wissen, dass das Leben noch viele spannende Dinge für sie bereithält.

Wir Menschen sacken bei nicht so angenehmen Dingen sehr oft einfach innerlich zusammen. Oder wir drücken unsere Niedergeschlagenheit durch unsere Körperhaltung wie z.B. hängenden Kopf und hängende Schultern aus. Dieser körperliche Ausdruck verstärkt unsere inneren Gefühle und Gedanken noch um Einiges.

Ich möchte Sie einladen, wie die Katzen stolz und anmutig durchs Leben zu wandeln. Verändern wir unsere Körperhaltung, tragen wir schon etwas zur Verbesserung unserer inneren Stimmung bei.

Stolz und anmutig durchs Leben wandeln – dies hebt unsere Stimmung.

Zielstrebigkeit

Katzen wandeln zielstrebig durchs Leben. Manchmal müssen sie aber Umwege beschreiten, manchmal wandeln sie in Katzengruppen mit Freunden, manchmal auch alleine.

Die Katze genügt sich aber stets selber. Sie ist zwar gerne in Gesellschaft, aber sie geht auch gerne allein ihrer Wege. Deswegen sind auch oft Katzen zu beobachten, die scheinbar allein auf ihrem Weg sind. Sie gehen zwar allein ihren Weg, aber sie fühlen sich nicht allein.

In südlichen Ländern sind sehr oft viele Katzen in einer Gruppe anzutreffen. Es scheint so, als würden sie sich zu einem geselligen Austausch treffen. Dennoch ziehen sie dann in der Nacht allein weiter. Sie wissen, dass sie sehr gut alleine sein können. Es gibt auch Katzen, die in festen Gemeinschaften leben. Sie passen sich ihren Mitbewohnern an, aber dennoch bleiben sie immer unabhängig und geben ihre Freiheit niemals auf. Sie bleiben sich selber treu und tun keine Dinge, um anderen Katzen zu gefallen.

Die Menschen verlieren manchmal ihre Zielstrebigkeit, weil sie das Vertrauen in ihre innere Sicherheit und Stärke verloren haben. Sie versuchen dann diese scheinbare Sicherheit bei anderen Menschen zu finden oder suchen durch Anerkennung und Aufmerksamkeit Bestätigung von anderen. Manche Menschen meinen, niemals mehr allein sein zu können.

Wir Menschen brauchen auch immer wieder Raum ganz für uns allein. Raum zum Stillwerden, Wahrnehmen, Spüren und Lauschen, was WIR wirklich wollen.

Eigenen Raum einnehmen, mit sich allein sein, genießen und in die Stille gehen, um dann zielstrebig im Leben voranzuschreiten.

In Fülle leben

Katzen leben ein Leben in Fülle. Es scheint so, als würden sich die Katzen durch das Geschenk des Lebens schon ganz erfüllt fühlen und so die Fülle des Lebens genießen.

Katzen nehmen jede Situation an und sie genießen einfach und leben. Katzen kennen kein Viel oder Wenig und streben nicht danach, immer mehr zu bekommen. Katzen sind stets mit dem zufrieden, was gerade ist.

Menschen streben oft danach, mehr
und mehr zu bekommen.
Sie denken oft: Ich bin nicht gut,
ich muss noch besser werden.
Ich habe so wenig, ich brauche noch mehr...

All diese Gedanken sind reine Energieverschwendung und diese Menschen laufen einem Phantom hinterher, welches niemals wirklich erreicht werden kann.

Wir alle haben die Chance, in Fülle zu leben, wenn wir anfangen, bewusst zu leben. Fülle hat auch etwas mit Erfülltsein zu tun – erfüllt voller Selbstliebe. Können wir diese Fülle wahrnehmen, spüren und leben, dann steht uns ein Leben in Fülle auf allen Ebenen zur Verfügung.

Das Leben schenkt uns ein erfülltes Leben in Fülle. Dies beginnt jedoch bei uns **– bei uns im Herzen!**

Klarer Ausdruck

Katzen drücken sich immer absolut klar und unmissverständlich aus. Noch niemals habe ich eine heuchelnde oder Theater spielende Katze erlebt.

Katzen zeigen ganz klar, was sie gerade denken und fühlen. Sie werden ihre Wesenseigenschaften niemals hinter einer Fassade verbergen. Eine freudige Katze wird schnurren und den Menschen mit ihrer Zärtlichkeit umgarnen. Eine missgestimmte Katze wird niemals schnurren und eine Art Schauspiel vorführen! Wenn sie etwas nicht möchte, dann wird sie es in ihrer katzentypischen Art ganz klar zum Ausdruck bringen, auch wenn sie ihre Krallen zeigen muss. Eine Katze wird auch immer nur Zärtlichkeiten annehmen, wenn ihr danach zumute ist. Sie wird auch ihre Liebe nur dann verschenken, wenn sie es gerade möchte.

Eine Katze kennt keine Lügen, sie ist immer klar, eindeutig und unmissverständlich in ihrem Ausdruck.

Menschen spielen so oft ein Schauspiel im Leben. Es beginnt doch schon mit der Small-Talk-Frage „Wie geht es?“.... Die Antwort „Danke, gut“, entspricht sehr oft nicht der Realität! Sehr wenige Menschen antworten auf diese Frage wirklich ehrlich. Wie oft lächelt eine Fassade und dahinter sind ganz andere Gefühle verborgen.

Die Menschen sollten von den Katzen lernen, wirklich ehrlich und klar zu kommunizieren. Das heißt natürlich nicht, dass wir andere Menschen vor den Kopf stoßen oder sie mit Worten verletzen sollten. Aber klar zu kommunizieren bringt auch innere Klarheit und stärkt die Menschen.

Klarer Ausdruck, klare Kommunikation bedeuten ganz viel Aufrichtigkeit und Ehrlichkeit – anderen Menschen und vor allen Dingen uns selbst gegenüber.

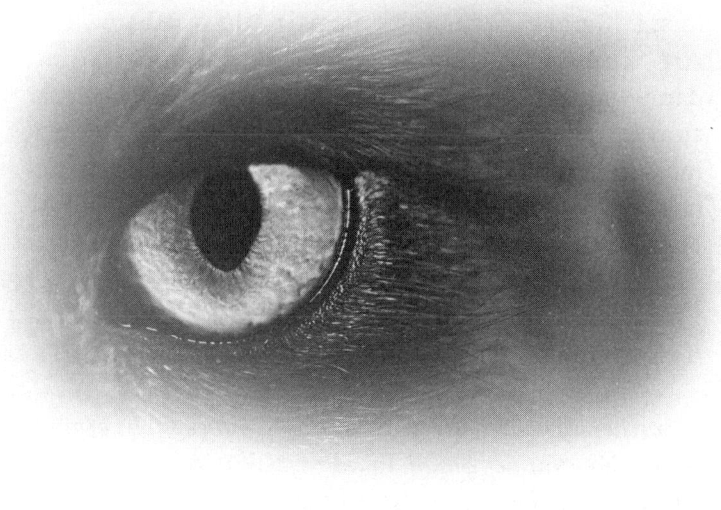

Keine Hindernisse

Eine Katze kennt keine Hindernisse und sie wird sich niemals eine Grenze setzen. Einer Katze ist kein Sprung zu weit, zu hoch oder zu tief. Sie wagt entschlossen, jedes Hindernis zu überspringen oder zu erklimmen.

Für Katzen ist jedes Hindernis überwindbar, jedoch sind sie niemals waghalsig oder lebensmüde. Die Katze wird alles versuchen, um das vermeintliche Hindernis zu überwinden – und sie wird es auch schaffen.

Wir Menschen bleiben manchmal einfach in unseren Ängsten oder unserem Tun stecken. Wir haben dann oft das Gefühl, wir würden nicht vorankommen oder es würde nicht weitergehen. Resignation folgt. Es liegt daran, dass wir uns selber durch unsere Gedanken begrenzen lassen und unsere Ängste engen uns dann noch ein. Anstatt zu resignieren und aufzugeben, sollten wir wie die Katzen entschlossen weitergehen und verschiedene Wege und Möglichkeiten ausprobieren. Einfach mal schauen, wo unser Interesse und unsere Freude liegen. Eine Katze kennt keine geistige Begrenzung oder imaginären Ängste. Sie ist in ihrer Kraft und sie wagt sich einfach voran.

Geistige Begrenzung und Ängste einfach loslassen und mutig im Leben voranschreiten. Entschlossen dem Ruf des Herzen folgen, um die Sehnsucht der Seele zu leben.

Über das Leben staunen

Katzen scheinen das Leben zu bestaunen. Sie wandeln mit offenen Augen durchs Leben und nehmen alles ganz bewusst wahr.

Sie spüren das Leben mit allen Sinnen: Sie schauen intensiv, sie riechen intensiv, sie hören intensiv und sie fühlen intensiv.

Menschen hetzen manchmal durchs Leben, sie scheinen nur noch zu funktionieren. Riechen, fühlen, hören und sehen die Menschen überhaupt noch ihre Umwelt? Es gibt täglich immer etwas Neues zu bestaunen: die Blume im Sommer, farbiges Laub im Herbst, Schneekristalle im Winter und die ersten zarten Pflänzchen im Frühjahr. Täglich begegnen uns so viele kleine Wunder und Kostbarkeiten zum Bestaunen, aber einige Menschen haben verlernt, diese „kleinen Wunder" überhaupt zu sehen. Leben heißt, das Leben mit allen Sinnen wahrzunehmen und es so zu genießen.

Mit allen Sinnen das Leben bewusst wahrnehmen und bestaunen.

Unangenehmes einfach abschütteln

Katzen mögen kein Wasser. Wasser ist einfach nicht ihr Element und sie empfinden Wasser als etwas sehr Unangenehmes. Passiert es doch einmal, dass eine Katze ins Wasser fällt, kommt sie schnell heraus, schüttelt alles Unangenehme einfach von sich ab und geht frohen Mutes weiter, so, als wäre nichts geschehen.

Wir sollten von den Katzen lernen, all das Unangenehme einfach von uns abzuschütteln. Sicherlich können wir uns nicht so gut wie die Katzen schütteln, aber ein wenig klappt es auch und mindestens können wir gedanklich alles emotional Belastende einfach abschütteln. Unangenehmes gedanklich und evtl. auch körperlich abzuschütteln bedeutet, frei von emotionalem Müll zu werden. Wir könnten so das Unangenehme loslassen und es kann sich nicht in unseren Zellen einpflanzen und uns in unserer Lebensfreude hemmen oder sogar krank machen.

Unangenehmes abschütteln und einfach loslassen.

Sich spüren

Katzen sind immer zu hundert Prozent mit ihrem Körper in Kontakt und mit ihm verbunden. Die Katze lebt in Einheit mit Körper, Geist und Seele. Ohne diesen Einklang und ihre Körperverbundenheit wäre eine Katze nicht in der Lage, sich so in der Natur zu bewegen: entspannt und wach durchs Leben gehen, dennoch blitzschnell zu reagieren, jederzeit sprungbereit zu sein.

Es scheint, als würden Menschen manchmal „einfach leben", ohne in Kontakt mit ihrem Körper zu sein, ohne ihn bewusst zu spüren und wahrzunehmen.

Manche Menschen sind so mit ihrer Arbeit beschäftigt, dass sie sich selber gar nicht wahrnehmen und spüren. Eigentlich funktioniert ihr Körper nur noch.

Unser Körper ist unser größtes Geschenk, dem wir auch unsere größte Achtsamkeit schenken und für den wir sorgen sollten. Einige Menschen spüren ihren Körper erst dann, wenn er irgendwo erkrankt oder nicht wie gewohnt funktioniert.

Sich selber spüren und bewusst wahrnehmen – dem eigenen Körper Achtung schenken.

Energie fließen lassen

Die Wissenschaft hat festgestellt, dass Katzen durch das Schnurren bei sich selber den Heilungsprozess beschleunigen können. Wunden und Knochenbrüche heilen viel schneller.

Durch das Schnurren bringt die Katze Schallwellen (also Schwingung = Energie) in den Fluss.

Jede Katze schnurrt unterschiedlich. Ich genieße das Schnurren einer Katze immer sehr. Ich bezeichne das Schnurren einer Katze als eine „Klangschale auf vier Pfoten". Erstaunlicherweise stellt sich dann auch beim Menschen schnell Wohlbefinden ein, so, als würden einige innere Blockaden durch das Schnurren einfach aufgelöst.

Bringen wir Menschen durch die Kraft der Vorstellung und durch Yoga und Meditation doch auch wieder unsere Energie ins Fließen, um innere Blockaden zu lösen, Wohlbefinden zu spüren und um uns zu heilen.

Hund und Katz

Noch immer besteht das Klischee, dass es gegensätzliche Eigenschaften wie "Hund und Katz" gibt. Immer noch wird behauptet, Hund und Katz seien so etwas wie Erzfeinde.

Katzen sehen das aber anders. Sie haben sich längst mit ihren „Erzfeinden“ ausgesöhnt und sich von diesen Vorurteilen befreit. Sicherlich gibt es Katzen, die dem Hund klar mitteilen, wo die eigene Grenze ist und wie weit sich der Hund nähern darf. Es gibt aber sehr viele Katzen, die eng mit einem Hund verbunden zusammen leben. Sie sind eine wunderbare Ergänzung und bereichern zusammen das Leben der Menschen.

Die Menschen sollten sich auch von anderen, längst überholten Klischees oder Vorurteilen wie „Hund und Katz“ einfach lösen. Vorurteile begrenzen unsere Sichtweise, die dann sehr oft nicht der Realität entspricht.

Gerade das Miteinander von Hund und Katz zeigt uns Menschen doch, wie alles im Leben eine schöne Ergänzung und Bereicherung sein kann – egal, wie verschieden es ist.

Miteinander –
anstatt gegeneinander.

Im Hier und Jetzt

Katzen leben immer im Hier und Jetzt. Was sie gerade tun, machen sie mit absoluter Aufmerksamkeit.

Im Hier und Jetzt zu leben bedeutet auch eine große Entschiedenheit zu leben, und das zu tun, was die innere Stimme uns übermittelt. Im Hier und Jetzt zu leben heißt auch, sich von Angst, Schuld und Scham zu befreien und diese Altlasten nicht mehr mit sich herumzutragen. Im Hier und Jetzt gibt es keine Sorgen aus der Vergangenheit und auch noch keine Freude der Zukunft – es geht ganz alleine darum, anzunehmen, was jetzt ist, und ganz bewusst in diesem Moment zu leben.

Im Hier und Jetzt zu sein heißt auch, den Moment absolut und intensiv zu leben und zu erleben.

Sind wir Menschen nicht zu oft in der Vergangenheit oder in der Gegenwart, anstatt lieber im Hier und Jetzt zu sein?

JETZT – fühlen und leben,
gerade jetzt.

Freiheit

„Freiheit ist die Möglichkeit zu leben, wie du willst."
Cicero

Eine Katze lebt immer ihr Leben in Freiheit. Sie hat ihren eigenen Kopf, auch wenn sie sehr rücksichtsvoll sein kann, aber sie wird immer ihren eigenen Weg gehen und sich nicht dressieren lassen.

Die Katze schert sich wenig darum, was andere von ihr denken oder halten, sie lebt frei und ohne Norm. Sie hat keine Angst vor dem Missfallen anderer, sie lebt ganz bewusst *ihr* Leben.

Wenn alle Menschen sich ein Stückchen dieser Freiheit in ihrem Herzen bewahren könnten, wären sie auch ein Stückchen zufriedener. Die Menschen unterwerfen sich Zwängen und Dogmen. Sie passen sich unangemessen an. Sie tun Dinge, um anderen Menschen zu gefallen. Sie leben oft ein Leben voller Zwänge, weit ab von ihren wahren Gefühlen.

Lieber weniger darauf achten, was anderen gefallen könnte – sondern die eigenen Gefühle und eigene Freiheit leben.

Sein Ziel erreichen

Katzen sind voller Neugier, Kreativität, Beharrlichkeit und Lebensfreude. Dies zeigen sie täglich und sie setzen diese Energien ein, um an ihr Ziel zu kommen.

Würde eine Katze zum Beispiel bei einem missglückten Mäusefang resigniert aufgeben, würde sie in der Natur verhungern müssen. Die Katze weiß, dass sie die freie Wahl der Entscheidung hat, die Situationen neu anzugehen. Deshalb zeigt sie sich offen und neugierig für neue Reize und Situationen. Sie setzt kreativ neue Ideen und Jagdmethoden ein, zugleich kann sie aber auch geduldig und beharrlich vor einem Mauseloch sitzen und warten – denn sie hat ja ihr Ziel vor Augen.

Würden die Menschen genauso beharrlich ihr Ziel vor Augen haben, würden sie sich nicht in ihren Wünschen, Ideen und ihrer Kreativität verlieren.

Menschen geben manchmal zu schnell auf, anstatt ihr Ziel wirklich vor Augen zu haben. Jeder trägt die Verantwortung und die Konsequenz der Entscheidung selber.

Beharrlich den Focus auf das angestrebte Ziel richten und dieses Ziel mit Neugier, Kreativität, Ausdauer und Lebensfreude verfolgen.

Scharfer Blick

„Im Alltag den Focus auf das Wesentliche ausrichten und dabei entspannt und gelassen bleiben."

Die Katzen haben genau diese Gelassenheit im Leben und ihren „scharfen" und klaren Blick für das Wesentliche. Katzen haben ihren Focus auf ihr angestrebtes Ziel gerichtet und dieses verfolgen sie mit einer beneidenswerten Gelassenheit.

Gelassenheit und einen scharfen, klaren Blick für das Wesentliche – so einfach klingende Worte, jedoch für uns Menschen die größte Herausforderung überhaupt. Dank Yoga und Meditation können wir lernen, gelassen zu bleiben und Wichtiges von Unwichtigem zu unterscheiden. Wir können lernen, einen ebenso klaren und genauen Blick zu bekommen, um dann die wesentlichen Dinge in unserem Leben zu sehen und uns nicht im Alltagswirrwarr zu verlieren.

Gelassenheit lernen und mit einem klaren Blick das Wesentliche und wirklich Wichtige erkennen.

Bedürfnisse

Katzen kümmern sich sehr intensiv und ganz allein um ihre Bedürfnisse. Sie sorgen sehr gut für sich und ihr Wohlergehen.

Hat eine Katze Hunger, wird sie sich bei ihrem Menschen bemerkbar machen und so lange wartend vor dem Futternapf verharren, bis er gefüllt ist. Ungeduldige Katzen werden sich auf ihre Weise bemerkbar machen und so lange mauzen, bis ihr Wunsch erfüllt und ihr Futter gereicht wurde. Hat die Katze dann ein Bedürfnis nach Nähe und Zärtlichkeit, wird sie es ebenfalls ihrem Menschen ganz klar zeigen und ihm ihre Schmusebereitschaft signalisieren. Möchte sich die Katze für eine Ruhezeit zurückziehen, dann mag sie auch nicht gestört werden.

Die Menschen meinen manchmal, dass andere Menschen ihre Bedürfnisse erahnen oder erkennen müssten. Wie soll es denn funktionieren? Jeder muss doch erst mal für sich selber herausfinden, wann er welche Bedürfnisse hat. Dass diese Bedürfnisse erfüllt werden, dafür hat jeder selber Sorge zu tragen. Einige Menschen haben ein großes Bedürfnis, zum Beispiel Zärtlichkeit und Nähe zu spüren, sie teilen es dem Partner aber nicht mit, sondern sie erwarten, dass der Partner diese Bedürfnisse immer irgendwie erkennt und erfüllt. Das ist eine große Bürde, die dem Partner auferlegt wird.

Jeder Mensch ist in erster Linie erst einmal für sich und seine Bedürfnisse selber verantwortlich. Wichtig ist zu lernen, um das, was man möchte, auch zu bitten.

Eigene Bedürfnisse wahrnehmen und erkennen und dann dafür selber Sorge tragen, dass diese erfüllt bzw. befriedigt werden.

Lebensfreude

Mit welcher Begeisterung und mit wie großen und freudigen Augen und offenem Herzen kommen die Katzen auf uns Menschen zur Begrüßung gestürmt! Wie freudig sie uns dann beschnurren und uns umkreisen!

Einfach nur spielen, ausgelassen toben und tollen.

In der Natur oder Wohnung ständig auf neue Entdeckungstour gehen.

Schmusen und verwöhnt werden.

Ist das nicht absolute Lebensfreude?

Sehr viele Katzen wurden ausgesetzt, misshandelt oder schlecht behandelt. Sie sind in der Lage, ihre negativen Erfahrungen loszulassen, und finden zurück zu ihrer Lebensfreude. So tragen Katzen (und alle Tiere) dieses tiefe Gefühl der Lebensfreude in sich.

Lebensfreude bringt Freude und Leichtigkeit.

Lebensfreude ist eine gewaltige, unaufhaltsame Kraft – wenn sie einmal geweckt ist.

Wir Menschen sollten, statt nur die grauen Regenwolken zu sehen, lieber die Sonne und den Regenbogen sehen, die so mancher Regenschauer mit sich bringt. Die Sonne scheint immer, auch wenn sie manchmal von den Wolken verdeckt ist.
Leider haben manche Menschen verlernt, ihre Lebensfreude zu zeigen oder zu leben. Beobachten sie doch mal Kinder oder kleine Tiere, welch pure Lebensfreude sie leben.

Eine pessimistische Lebenseinstellung wird die Lebensfreude stetig minimieren.

Unsere Lebensfreude darf immer da sein. Entdecken wir sie neu.

Leben heißt nicht leiden, sondern lieben.

Das Leben lieben.

Engel auf Samtpfoten

Katzen sind Engel auf Samtpfoten. Nicht umsonst heißt es ja in der Überlieferung, dass eine Katze auch 7 Leben hat.

Katzen haben nicht nur 7 Leben, sie haben auch den 7. Sinn. Sie können mehr Dinge wahrnehmen als wir Menschen.

Katzen warnen und beschützen Menschen in Notsituationen.

Katzen sind immer da, wenn wir Menschen sie brauchen.

Katzen zeigen uns, wie man wirkliche Lebensfreude lebt.

Katzen schenken uns ihre Aufmerksamkeit und Liebe.

Katzen sind Engel auf Samtpfoten, so sollten wir Menschen sie auch respektvoll behandeln.

Flexibilität

Katzen sind sehr anpassungsfähige und flexible Lebewesen. Sie können sich auf Situationen in ihrem Leben immer neu einstellen. Sie sind immer neugierig und stets offen für neue Erfahrungen.

Mein erster Kater Shalimar wuchs bei mir in der Wohnung auf. Dies war sein Reich, welches er liebte. Dann zogen wir bald in eine andere Wohnung mit einem Grundstück. Hier durfte der Kater seine Freiheit genießen. Er streifte in langen Entdeckungstouren umher und lebte sein Katzenleben in der Natur. Leider musste ich bald wieder umziehen und machte mir große Sorgen, dass mein Kater, der das Leben in der Natur hat kennenlernen dürfen, nicht mehr mit reiner Wohnungshaltung klarkommen würde. Ich baute ihm einen tollen Kratzbaum mit mehreren Etagen auf dem Balkon und beschäftigte ihn mit diversen Spielchen. Es hat sich gezeigt, dass meine Sorge völlig unbegründet war, denn der Kater hatte keinerlei Anpassungsschwierigkeiten. Er war dort glücklich, wo er gerade war.
Er hat die neue Situation einfach angenommen, so, wie sie ist, und hat seine Flexibilität gezeigt.

Wir Menschen begrenzen uns manchmal selber, indem wir uns emotionale Fallen stellen. Wir trauern einer alten Situation nach anstatt uns neugierig auf das Neue einzulassen. Das Neue kann sehr spannend sein.

Flexibel sein und sich vertrauensvoll auf neue Situationen einlassen.

Offene Augen

Katzen wandeln stets mit offenen Augen durchs Leben. Sie sehen und beobachten genau, was um sie herum geschieht, und nehmen dies ganz bewusst wahr. Manchmal scheint es so, als würden sie mit ihren Augen das Leben als Geschenk bestaunen.

Menschen rennen manchmal gedankenverloren durchs Leben und entdecken nicht einmal die wunderschöne Rose am Wegesrand oder den bunten Schmetterling, der vor ihnen fliegt. Menschen wirken manchmal so, als würden sie wie blinde Zukunftsläufer gedankenverloren der Zukunft entgegenrennen wollen, anstatt das Schöne im Moment wahrzunehmen. Die Gesellschaft ist heute manchmal sehr materiell orientiert, dabei wird dann die Dankbarkeit für das Schöne im Leben einfach vergessen. Es ist dafür wichtig, dankbar zu sein, was wir sehen, erleben und erfahren dürfen. Dankbar sein für ein kleines Lächeln, welches uns ein Mensch schenkt. Man kann für so viele Dinge dankbar sein, wenn man sein Bewusstsein dafür öffnet.

Eine Weisheit aus China sagt: „Die Zeit rennt dir nicht davon, wenn du dem Kind den Regenbogen zeigst. Aber der Regenbogen wartet nicht."

Öffnen wir doch den Blick für die kleinen Schönheiten im Leben, die uns täglich begegnen, seien wir dankbar für diese Momente und nutzen wir den Augenblick, damit uns der Regenbogen nicht entgeht.

Ohne Eile

Katzen haben immer Zeit, sie wirken niemals gestresst oder gehetzt. Manchmal laufen sie schnell ihrem Ziel entgegen, manchmal bummeln sie auch einfach nur herum. Sie haben aber keine Eile oder Stress.

Bei den Menschen ist es manchmal genau umgekehrt – Stress und Eile sind der innere Antrieb. Die Menschen setzen sich manchmal selber so sinnlos unter Druck, ohne immer einen wirklichen Vorteil davon zu haben. Als Folge davon sind sie dann ganz erschöpft. Die Menschen sind immer in Eile und im Stress, da ist es kein Wunder, dass sehr viele Menschen das Gefühl haben, innerlich auszubrennen. Das „Burn-out-Syndrom“ erreicht mittlerweile jede Gesellschaftsschicht, von der Hausfrau bis zum Manager. Sich einfach einmal zurücknehmen, um so Kraft für den Alltag zu schöpfen, ist sehr wichtig. Katzen sind große Lehrmeister für uns – Lehrer für das Spiel des Lebens.

Ohne Stress und Eile etwas bewusst tun – das ist eine große Lebenskunst.

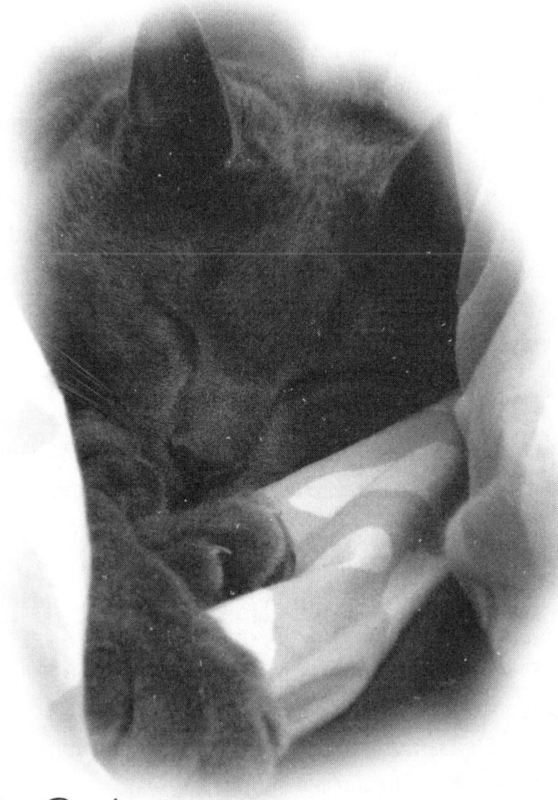

Sensible Seelen

„Katzen sind die rücksichtsvollsten und aufmerksamsten Gesellschafter, die man sich wünschen kann."

Pablo Picasso

Katzen haben eine sehr feine Wahrnehmung und spüren die Bedürfnisse und Gefühle der Menschen. Das macht sie so einzigartig.

Bei Santo war es auch so, auch er war ein aufmerksamer Gesellschafter. War ich am Computer beschäftigt, saß er neben der Tastatur und beobachtete meinen Cursor auf dem Bildschirm und sah mich immer wieder entzückt an. Wollte ich in den Garten gehen, sprang er immer freudig und schnurrend um meine Beine und begleitete mich in den Garten. War ich nachdenklich oder traurig, war Santo stets zur Stelle und legte sich schnurrend an meinen Körper. Treffender als Picasso kann man Katzen gar nicht beschreiben.

Menschen sind manchmal so in ihrem Wortschwall und ständigen Reden verloren, dass sie die feinen Nuancen des Gegenübers gar nicht wahrnehmen. Würden die Menschen auch mehr ins Wahrnehmen und Fühlen gehen, würden sie die Bedürfnisse der anderen Menschen besser spüren können. Kommunikation besteht nicht nur aus Worten, sondern auch aus dem Lauschen mit dem Herzen.

Die Menschen würden dann aufmerksamer und rücksichtsvoller miteinander umgehen.

Bewusst wahrnehmen und spüren macht uns aufmerksamer und rücksichtsvoller.

„Nachtragend sein“ – ein Fremdwort

Katzen haben viele Eigenschaften, aber nachtragend sind sie nie oder doch nur sehr selten!

Katzen lieben es, sich auf dem Sofa zu räkeln oder im Bett zu schlafen. Manchmal sind sie dann so raumeinnehmend, dass man sie einfach mal herunterschubsen muss. Die Katze wird dann durch einen Blick ihren Unmut kundtun, aber sie wird niemals deshalb nachtragend oder lange beleidigt sein. Im Gegenteil, sie wird versuchen, schnell wieder dieses Superplätzchen in Beschlag zu nehmen. Katzen können statt nachtragend eher sehr penetrant sein.

Die Menschen verlieren so viel Zeit mit irgendwelchen nachtragenden Gedanken. Nachtragend zu sein bedeutet, etwas aus der Vergangenheit gedanklich ***nach zu tragen****. Sicherlich sollen wir nicht alle Situationen gutheißen, aber wir tragen so vieles auch der Vergangenheit nach, was absolut unsinnig ist. Die Situation können wir im Nachhinein sowieso nicht verändern. Sind wir auf eine Person so richtig sauer, können wir es auch klar äußern, ansonsten ist es besser, dies gedanklich abzuhaken.*

Anstatt so viel Energie und Lebenszeit damit zu vergeuden, dass wir irgendwelche nachtragenden Gedanken mit uns herumschleppen, sollten wir lieber den Kopf freihalten und uns überlegen, was uns wirklich wichtig ist und was wir wirklich wollen.

Nachtragende Gedanken sind Zeitvergeudung. Frei sein für das wirklich Wichtige, für das, was wir wirklich wollen.

Gelassenheit

„Die Gelassenheit schärft den Blick für das Wesentliche."

Weisheit aus China

Diese Weisheit aus China beschreibt in wenigen Worten eine der tollsten Eigenschaften einer Katze. Indem die Katze nicht hektisch und kopflos durchs Leben rast, sondern alles, was sie tut, mit einer großen Gelassenheit macht, verliert sie sich auch nicht im Unwesentlichen, sondern hat den Blick stets offen für das Wichtige und Wesentliche in ihrem Leben.

Durch mangelnde Entspannung und die Alltagshektik fehlt vielen Menschen die Gelassenheit. Sie rennen wie die Verrückten umher und haben keinen Blick mehr für das Wesentliche. Sie müssen es dringend lernen, zur Ruhe zu kommen und wieder einen Blick für das wirklich Wichtige zu haben. So können sie dann ihren Weg neu finden, ohne in alter Routine steckenzubleiben.

Gelassenheit schärft den Blick für das Wesentliche.

Magie der Katze

Gewohnte Wege beschreiten
Neugierde fürs Leben

Manchmal neue, ungekannte Wege gehen.
Vorsichtig weiter gehen,
sich verlaufen dürfen, ohne Angst einfach weitergehen.

Klarer, wacher Blick, immer offen für neue Erfahrungen.

Entspannt sein. Leben bewusst wahrnehmen und leben.
Ruhe genießen, nichts tun, einfach da sein.

Zärtlich sein, schmusen und schnurren.

Anmutig im Jetzt verweilen.

Weiterlaufen und spannende Abenteuer erleben.

Bewusste Ruhezeiten genießen, einfach mal faul sein,
die Sonne auf sich scheinen lassen...

Spielerisch das Leben erfahren.

Weitergehen.

Neugierig auf das Leben sein.

Die Magie der Katze sollte auch die Magie der Menschen sein.

Treue

Katzen sind sehr treue Lebewesen.

„Für Katzen bedeutet Treue nicht immer dazubleiben, sondern immer wiederzukommen."
Klara Löwenstein

Treue hat für Katzen wirklich eine ganz besondere Bedeutung. Sie lieben Toleranz und Freiheit, sie klammern nicht an jemandem, sie brauchen ihre Unabhängigkeit und Freiheit. Den Menschen, die sie lieben, werden sie auf ihre eigene Art ganz treue Weggefährten sein.

So manches Mal musste ich schmunzeln, wenn mein Kater Jio spät abends nach Hause kam, mich begrüßte und mir ums Herz schnurrte. Da war der kleine Schelm doch wieder. So manches Mal roch er nach einem fremden Parfüm, ich musste schmunzeln... Diese Freiheit nahm er sich einfach.

Menschen verbinden Treue manchmal mit Besitzen-Wollen und Einengen. Dabei hat Treue wirklich etwas mit Toleranz und Freiheit zu tun. Aus dieser Freiheit und diesem Vertrauen heraus kann sich jeder frei entfalten und dann tiefe Liebe entwickeln.

Liebe kann nicht sein, wo Enge und Besitzansprüche sind.

Treu sein, aus reiner Lebensfreude, Freiheit und Vertrauen.

Innere Stärke

Innere Stärke und der Glaube an sich selbst helfen uns, leichter durchs Leben zu gehen.

Zweifel, Bedenken, Ängste machen uns klein und nehmen uns das Wachstum.

Wer von sich überzeugt ist und an sein Tun glaubt, wird auch Erfolg haben.

Ein gutes Beispiel ist der kleine Kater Santo. Er war ein kleiner, zarter Kater. Spanische Katzen sind immer etwas zarter gebaut. Hinzu kam, dass Santo auch ein Siam-Mix war. Und obwohl er ausgewachsen war, hatte er immer noch etwas, was dem Kindchenschema entsprach. Dadurch wirkte er noch zarter.

Santo hatte aber durch all seine Überlebenskämpfe unheimliche innere Stärke und Willen entwickelt. Er muss in Spanien im Müll sehr um sein Überleben gekämpft haben, aber daran war er innerlich gewachsen. Diese innere Stärke - und menschlich interpretiert auch eine gewisse Selbstsicherheit - strahlte er immer wieder aus.

Seine innere Stärke präsentierte Santo gerne auch manchmal unserem „Riesenbaby“ gegenüber, einem jungen Podenco Ibicenco-Rüden, der für seine 9 Monate schon sehr groß war. Wenn der große Hund im Flur und die Tür zum Wohnzimmer leicht geöffnet war, setzte Santo sich zu gerne in den Türspalt. Er saß dort nur ganz ruhig und schaute. Er fauchte nicht und hob auch seine Pfoten nicht. Er saß nur da. Dennoch hat es immer wieder unseren jungen Rüden so beeindruckt, dass er fiepend im Flur um unsere menschliche Hilfe bat, da er auch gerne ins Wohnzimmer wollte, sich aber nicht an Santo vorbei traute. Santo hat dem Rüden übrigens niemals etwas getan, genau wie unser anderer Kater. Der Podenco wäre aber bei unserem anderen Kater bedenkenlos drübergestiegen, Santo hat er absolut respektiert.

Ich bin überzeugt, er hat Santos innere Stärke gespürt.

Wenn wir Menschen mehr an uns selber glauben und vertrauen, können auch wir unser Potential der inneren Stärke sich entfalten lassen.

Wir würden dann strahlen und dürften wirklich wir selber sein und uns mit unserer inneren Stärke für das Leben bestärkt fühlen.

Innere Stärke entwickeln und stark fürs spannende Leben werden.

Einen eigenen Kopf haben

Katzen haben meistens ihren „eigenen Kopf“ und dann lassen sie sich überhaupt nichts einreden oder sich von ihrer Meinung abbringen.

Mein Kater Jio ist auch so ein Exemplar. Für ihn ist es das Größte, Wasser aus dem Wasserhahn zu trinken. Er liebt dieses Frischwasser mehr als abgestandenes Wasser aus den Näpfen. Mehrfach schon haben wir mit ihm geschimpft und ihn vom Wasserhahn weggescheucht. Aber all unsere Bemühungen waren vergebens – er lässt sich eben nicht von seinem Vorhaben abbringen.

Manche Menschen lassen sich so oft durch andere Meinungen, Kommentare etc. beirren und kommen so sehr oft von ihren Vorhaben ab, obwohl sie manchmal innerlich spüren und auch wissen, dass es ihnen gut tun würde. Sicherlich ist es in manchen Situationen ratsam, sich Anregungen und Meinungen anderer Menschen anzuhören, aber letztlich wissen nur wir selber, was uns gut tut.

Wenn wir also genau wissen, welches Ziel wir verfolgen und dass es uns auch gut tut (frisches Wasser ist bestimmt auch angenehmer als abgestandenes), sollten wir wirklich nicht auf andere Menschen hören, sondern wie die Katzen „einen eigenen Kopf haben“ und unser Vorhaben durchsetzen. Manchmal ist es dann nötig, eigene Grenzen aufzuzeigen und auch einmal klar „NEIN“ zu sagen. Nur wer klar nein sagt, kann auch klar ja sagen.

Sich nicht beirren lassen (einen „eigenen Kopf haben") und sein Vorhaben durchsetzen.

Neurosen, Depressionen & Co.

Von Natur aus kennen Katzen keine Neurosen, Depressionen, Schlafstörungen, Migräne usw., Katzen leben ihr Leben, wie es ihnen gefällt, ganz ohne Leistungsdruck und das ewige Streben, immer mehr im Leben zu erreichen.

Ich glaube, genau aus diesem Grund kennen Katzen all diese psychosomatischen Erkrankungen nicht.

Immer mehr Katzen, die mit Menschen zusammen leben, zeigen plötzlich Auffälligkeiten auch auf psychischer Ebene. Kann es sein, dass das hektische Leben der Menschen den Katzen vielleicht schadet? Übernehmen Katzen unseren Stress und unsere negativen Energien?

Viele Menschen zerbrechen sich über so viele Dinge die Köpfe. Meistens sind es sogar Dinge, die sie sowieso nicht ändern können. Sie können an der Gesamtsituation nichts ändern, aber sie könnten ihre Einstellung zur Situation ändern.

Viele Menschen leben nicht mehr, sondern wandeln wie stressgesteuert durchs Leben. Stress kann die gesamte hormonelle Steuerung eines Menschen so durcheinanderbringen, dass sich daraus leichte Auffälligkeiten bis schwere Depressionen entwickeln können. Dies sollten wir uns immer vor Augen halten.

Katzen leiden von Natur aus nicht an diesen Erkrankungen, weil sie sich keinen Stress machen und ihre unerschöpfliche Lebensfreude ihnen Vitalität garantiert.

Die Katze ist ein Symbol für Entspannung, Energie und Vitalität.

Unruhe, Schlafstörungen, depressive Verstimmungen: Dann sollten wir uns eine schnurrende Katze vorstellen, wie sie sich ganz entspannt herumräkelt und das Leben spielerisch genießt.

Überlegtes Handeln

Obwohl es immer wieder heißt, dass Katzen keine Logik entwickeln würden, möchte ich dem widersprechen. Wenn ich meine und andere Katzen beobachte, stelle ich immer wieder fest, dass Katzen genau wissen, was sie tun. Würden Katzen ganz unüberlegt handeln, dann würden sie ihr Leben sehr oft gefährden.

Durch Unachtsamkeiten, Eile oder Hektik gefährden wir Menschen so oft unser Leben. Wir meinen eilen zu müssen, machen uns innerlichen Druck und gefährden evtl. sogar unser Leben. Dennoch gewinnen wir dabei keine wirkliche Zeit! Zeit kann man sich gut einteilen, aber gewinnen kann man keine Zeit.

Eine einzige Sekunde unserer Lebenszeit kann entscheidend für unser zukünftiges Leben sein.

Ohne Hast und Eile genau überlegen, was zu tun ist.

Heute

Katzen verweilen mit ihren Gedanken nicht im Gestern. Gestern ist für sie schon lange vergessen und nicht mehr präsent, es ist Vergangenheit. Wer weiß schon, ob sich Katzen überhaupt noch an gestern erinnern können?

Die meisten Menschen verweilen immer in der Vergangenheit, und darüber grübeln und grübeln sie. Aber warum? Was können wir am Gestern noch verändern oder anders machen? Gar nichts. Wir können ähnliche Situationen in der Zukunft anders machen, aber die Zeit können wir nicht zurückdrehen.
„Ich schaue nach vorne und nicht nach hinten. Gott hat mir auch vorne die Augen gegeben und nicht hinten.“ (Ricardo Pilguj, 16 Jahre)

Ich finde diesen sinnbildlichen Ausdruck sehr treffend.

Wäre es nicht eine große Erleichterung, wenn wir alles Unangenehme von gestern einfach vergessen könnten? Nichts würde uns mehr emotional belasten und wir könnten frei in einen neuen Tag starten.

Wir leben JETZT
und verweilen nicht im Gestern,
sondern schauen nach vorne.

Nachts sind alle Katzen grau

In der Dunkelheit mögen wirklich die meisten Katzen dunkel oder grau erscheinen. Viele Katzen wirken auch bei Tageslicht gleich. Aber jede Katze hat ihre ganz eigene Ausstrahlung, und die Besonderheit ihrer Seele ist einzigartig.

Manche Menschen haben gleich eine vorgefasste Meinung oder sehen alles gleich. Vieles erscheint auf den ersten Blick vielleicht wirklich gleich.

Exupéry beschreibt es in dem Buch „Der kleine Prinz" so treffend: „Man sieht nur mit dem Herzen gut." Wir Menschen sollten lernen, mit den Augen zu sehen und mit dem Herzen wahrzunehmen und zu fühlen.

Nur so können wir die Besonderheit in jedem Wesen erkennen.

Auch nachts sind nicht alle Katzen grau. Wenn wir mit den Augen bewusst sehen und mit dem Herzen wahrnehmen und fühlen, dann erkennen wir sehr viel mehr im Leben als nur die Farbe grau.

Gut und Böse

Schwarze Katzen bringen Unglück, sagt der Volksmund. Schwarze Katzen sind Hexenkatzen und sollen „böse" sein. Helle Katzen sind gute und ganz liebe, freundliche Katzen.

Die Unterscheidung in gute und böse Katzen ist eigenartig. Was bedeutet denn schon „gut" und was ist „böse"? Warum soll eine schwarze Katze böse sein und Unglück bringen? Ich kenne so viele schwarze, total verschmuste Katzen.

Die Einteilung in gut und böse ist eine ganz und gar subjektive Bewertung in den Gedanken der Menschen.

*Was für den einen gut sein mag, kann für den anderen nicht so gut sein. Was ist aber wirklich gut, und was ist wirklich böse? Ich glaube, **böse** ist ein Vorurteil, eine Qualität, die uns Menschen nicht förderlich ist.*

Bevor wir über gut und böse sprechen, sollten wir erst einmal schauen, was es für uns ganz persönlich bedeutet.

Frei von Bewertungen und Urteilen sein. Genau schauen, wie und was es ist.

Wahrheit

Santo kam in mein Leben und kurz darauf zerbrach eine langjährige Freundschaft. Die Ursache war, dass der kleine Santo sehr krank wurde und der Katzenwelpe alle drei Stunden Tee und Medikamente eingeflößt bekommen musste. Für mich war es eine Selbstverständlichkeit, eine Einladung zu einer Geburtstagsfeier abzusagen. Einer Freundin fehlte jegliches Verständnis für meine Einstellung, sie reagierte sehr unfair und verständnislos.

Ich konnte ein solches Verhalten nicht verstehen, denn es ging um die Rettung eines Lebewesens. So zerbrach die Freundschaft, wie ein Krug, der zu Boden fiel.

Zuerst war ich sehr betroffen und traurig darüber. Aber mein kleiner Kater kam wieder zu Kräften und ich war sehr glücklich, ihm beim Gesundwerden geholfen zu haben.

Als mein Schmerz langsam abklang, war es so, als hätte ich eine neue Blickrichtung bekommen. Auf einmal erkannte ich, dass die Freundschaft nur von meiner Seite aufrichtig war. Nach und nach entschlüsselte sich das „Lebensschauspiel" meiner Freundin, ich war aber anscheinend nicht in der Lage, es zu sehen, oder ich wollte es nicht sehen.

Es war schön, mit ihr ein Stückchen gemeinsam durch einen Lebensabschnitt gegangen zu sein, aber für mich sind Aufrichtigkeit, Vertrauen und Ehrlichkeit eine wichtige Basis für eine Freundschaft.

War es nun „Zufall“ oder hat Santo mir den „Fall zufallen lassen“, um mir die Augen zu öffnen?

Katzen sind immer absolut aufrichtig. Sie zeigen durch ihr Verhalten ganz genau, wem sie Sympathie schenken wollen und wen sie meiden.

Auch Santo konnte sehr gut unterscheiden und hat seine „Wahrheit“ gezeigt. Er hat nur sehr wenigen Menschen wirklich vertraut. Andere Menschen hat er zwar akzeptiert, hat aber immer Distanz gehalten. Es gab auch Menschen, die er nur kurz gesehen hat, und er ist sofort aus dem Raum gerannt.

Katzen würden niemals Menschen begrüßen und schnurren, wenn sie diese Menschen in Wahrheit gar nicht mögen. Katzen sind immer aufrichtig und ehrlich und verschenken ihre Liebe nur, wenn sie es möchten. Katzen sind wahrhaftig, und das zeichnet sie besonders aus.

Wie sieht es da bei uns Menschen aus?

Sind Menschen nicht manchmal meisterhafte Schauspieler? Aber warum? Die Menschen sollten mit sich selber und ihrer Umwelt sehr viel aufrichtiger und ehrlicher umgehen.

Aufrichtig, ehrlich und wahrhaftig sein macht uns zu ganz besonderen Menschen.

Sich einfach so lieben

Katzen sind faszinierende, wunderschöne Wesen. Ich glaube, das wissen sie auch ganz genau.
Katzen sind nicht übertrieben eitel und haben keinen Spiegel. Katzen wissen um ihre Faszination, ihre Ausstrahlung, ihr Charisma, womit sie uns in ihren Bann ziehen.

Das Bewundernswerte an Katzen ist, dass sie sich einfach so lieben, wie sie sind. Katzen vergleichen nicht ständig, verfallen nicht dem Diäten- oder Schönheits-OP-Wahn.

Menschen können von den Katzen lernen, sich einfach so anzunehmen, wie sie sind. Individualität zu zeigen setzt aber voraus, sich selber erst einmal anzunehmen, wie wir von Gott geschaffen wurden, mit allen Makeln und Fehlern.

Jeder Mensch ist ein Individuum und einzigartig.

Wir sollten nun endlich dem Diät-Marathon und dem Schönheits-OP-Wahn ***auf Wiedersehen*** *sagen und nur wir selber sein. Wenn wir lernen, uns selber so anzunehmen, wie wir sind, dann erreichen wir innere Zufriedenheit. Ein negatives Selbstbild in ein positives Selbstbild zu verwandeln verschafft uns eine großartige Ausstrahlung.*

Eine tolle Ausstrahlung wird kein Arzt der Welt mit einer Schönheitsoperation erreichen. Im Gegenteil – diese Menschen haben fast keine charismatische Ausstrahlung mehr, sie wirken sehr maskenhaft. Vielleicht maskenhaft schön, aber wenig lebendig und ohne Ausstrahlung. Ausstrahlung und Charisma kommen von der inneren Einstellung und strahlen so nach außen.

Eine tolle Ausstrahlung zu haben geht ganz einfach: sich einfach so lieben, wie Mann/Frau ist.

Wunder Katze

Kleine Katzen sind wie ein kleines Wunder.
Große, erwachsene Katzen sind wie ein großes Wunder.

Dieses „Wunder Katze" hat in jeder Lebensphase eine ganz besondere Ausstrahlung. Und genau diese Ausstrahlung überträgt auch so viel positive Energie auf uns Menschen.

Die Katzen sind nicht nur etwas Wundervolles für die Menschen, sondern bewirken auch ganz viel Wunderbares.

Katzen bringen so viel positive Energie für uns Menschen mit, nur durch ihre Anwesenheit und ihre Ausstrahlung. Diese Energie wirkt ansteckend. Lassen wir uns doch auch von dieser Qualität „anstecken" und bringen wiederum anderen Menschen unsere positive Energie.

Durch unsere Ausstrahlung andere zum Strahlen zu bringen verstärkt unsere Ausstrahlung. Wenn wir alle unser Licht und unsere Liebe mit der Welt teilen, wird es auch zu uns zurückfließen.

Durch besondere Ausstrahlung positive Energie verteilen und diese auch zurückbekommen.

Klarheit

Katzen wirken immer so strategisch und durchdacht in dem, was sie tun. Katzen machen Dinge in ihrem Leben, die sie anscheinend mit absoluter Klarheit tun. Diese Klarheit gewinnen sie durch ihr entspanntes Dasein und ihre Ruhe. Katzen sind in der Lage, jederzeit ganz spontan zu agieren.

Menschen hetzen eilig umher, verlieren sich in dem, was sie erledigen wollen, und werden dadurch manchmal ganz konfus.
Manager absolvieren zum Beispiel Entspannungsseminare im Kloster, um zur Ruhe zu finden und wieder einen „klaren Kopf“ zu bekommen.

Würden wir alle lernen, einfach mal so einen Katzentag zu beobachten, könnten wir sehr viel von Klarheit und Entspanntsein lernen. Aus diesem Gefühl heraus wären wir sicherlich auch in der Lage, spontane Entscheidungen zu treffen. So warten viele Menschen ab, denken und planen weiterhin – und schon ist die Chance vertan.

Klarheit und Spontanität durch Ruhe und entspanntes Dasein entwickeln.

Wunder sehen

Staunend verweilen, den Wind und die Blumen riechen,
durchs feuchte Gras laufen,
die Baumrinde unter den Krallen spüren,
sich von der Sonne kitzeln lassen.....

Katzen nehmen ganz bewusst täglich die Schönheit und die Wunder der Natur um sich herum wahr.
Sich an allem erfreuen und diese tiefe Freude durchs Herz fließen lassen, Lebensfreude spüren.

Auch wir Menschen können täglich neue Schönheiten und Wunder um uns herum entdecken. Wir brauchen lediglich das Bewusstsein dafür und einen offenen Blick. Beginnen wir ebenfalls bewusst zu sehen und zu staunen, wird sich auch bei uns neue Lebensfreude entwickeln, und dieses Glücksgefühl wird unser Herz strahlen lassen.

Sich für die Wunder des Lebens öffnen, tiefe Lebensfreude entwickeln und das Herz strahlen lassen.

Niemals aufgeben

Wie oft fallen Katzen einfach vom Baum herunter! Jedoch wird sie nichts davon abhalten, immer wieder auf einen Baum zu klettern. Im Gegenteil, sie werden es immer wieder versuchen. Jeder neue Versuch macht die Katze sicherer und sie wird neue Fertigkeiten entwickeln, einfacher und schneller auf den Baum zu klettern. Sitzt sie dann auf einem Ast, dann wirkt sie dort oben fast majestätisch.

Klappt es bei uns Menschen einmal nicht auf Anhieb, resignieren einige sofort. Wir sollten uns alle daran erinnern, wie viele neue Versuche wir gestartet haben, als wir Laufen lernten. Wie oft sind wir hingefallen und haben dennoch niemals aufgegeben – bis wir es gelernt haben.

Jeder Widerstand macht uns innerlich klarer und stärker und wir haben die einmalige Chance, daran zu wachsen.

Wenn wir etwas erreichen möchten, müssen wir fleißig üben und immer wieder probieren, geduldig und beharrlich sein – und niemals aufgeben!

Wie eine Göttin

Im alten Ägypten wurde die Katzengöttin Bastet sehr verehrt. Man sprach ihr Einfluss auf Fröhlichkeit und Liebe, Schönheit, Weiblichkeit, Anmut und Fruchtbarkeit zu. Sie verkörperte auch überirdische, heilende Kräfte.

Katzen wurden gerne als Tempelwächter eingesetzt, da sie angeblich ungebetene Geister und Kräfte augenblicklich wahrnehmen sollen. Es heißt, Katzen haben Augen für die Anderswelt.

Daraus entwickelte sich später dann ein richtiger Katzenkult. In vielen anderen Kulturen hatten Katzen ebenso einen ganz besonderen Status.

Noch heute verkörpert die Katze all diese Dinge.

Jeder von uns kann sich mit diesen Qualitäten von Bastet verbinden und einen Teil davon für sich entwickeln.

Sich mit den göttlichen Qualitäten verbinden: Fröhlichkeit und Liebe im Herzen tragen und so im Leben getragen werden.

Die Kraft der Liebe trägt dich.

Glück und Reichtum

Im alten Asien glaubten die Menschen, dass nur Mensch und Katze eine Seele besäßen. Die Katze stand für Glück und ein langes Leben. Sie war das Statussymbol der Glücklichen, Reichen.

In einem japanischen Zeitungsartikel wurden im Jahr 1876[2] die ersten Maneki Neko erwähnt, die Glückskatzen. Vermutlich kennt man sie aber schon gegen Ende der Edo-Zeit (1603-1867).

Maneki Neko heben die rechte oder linke Pfote und winken damit Wohlstand herbei und wehren Unglück ab.

Machen wir es doch genauso wie die Maneki Neko, öffnen uns für den Wohlstand, die Fülle und das Glück und winken es herbei.

Wenn wir uns für positive Gedanken öffnen, können Wohlstand, Fülle und Glück auch zu uns fließen. Negative Gedanken trennen uns oft vom Glück.

Sich öffnen und das Glück heranwinken...

2 Wikipedia

Lieben heißt loslassen

Katzenmütter trennen sich mit leichten Herzen von ihren Welpen, wenn die Zeit gekommen ist. Auch wenn sie ihre Babys lieben, klammern sie sich nicht an sie oder versuchen sie einzuengen oder zu begrenzen. Löwenmütter schicken sogar vehement ihren Nachwuchs fort, wenn er erwachsen ist. Katzen beherrschen etwas, was für die Menschen das Schwierigste überhaupt ist: etwas Geliebtes loslassen.

Menschen klammern sich sehr oft an alles, was ihnen sehr nahe ist. Manchmal ist es aber so im Leben, das es Abschied zu nehmen heißt. Eltern müssen ihre Kinder ziehen lassen, selbst Ehepartner gehen manchmal neue, getrennte Wege.

Wo eingeengt und geklammert wird, kann kein Freiraum mehr sein. Wo kein Freiraum ist, kann keine Liebe mehr fließen.

„Lieben heißt loslassen", das sind nur drei Worte, aber es ist die schwierigste Lektion in unserem Menschenleben überhaupt. Versuchen wir es doch zu lernen:

Lieben heißt loslassen.

Geheimtipp

Von den Katzen können wir einen Geheimtipp für unsere Gesundheit bekommen, vier Dinge, die die Katze braucht, um gesund zu sein:

ein Herz voller Liebe

ruhige und friedliche Gedanken

Bewegung (möglichst in der Natur) und Entspannung

gute Nahrung

Von Katzen lernen, was wirklich für die Gesundheit wichtig ist.

Pure Lebensfreude

Katzen tragen so viel Lebensfreude in ihrem Herzen. Wer einmal spielende Katzen in der Natur oder auch in der Wohnung beobachtet hat, der weiß, wovon ich schreibe. Sie spielen und toben nach Herzenslust und voller Lebensfreude. Eine gesunde Katze wird sich mindestens einmal am Tag Zeit nehmen, so richtig wild zu spielen. Ich glaube, sie baut damit Spannungen ab und entwickelt eine starke (Lebens-)Energie und lädt dadurch ihre „innere Batterie" der Lebensfreude auf.

Einmal am Tag etwas tun, was uns richtig Spaß macht, den Kreislauf in Schwung bringt und uns aus tiefem Herzen erfreut.
Manche Erwachsene sind so schrecklich „erwachsene Menschen". Wir sollten die Leichtigkeit des Spiels wieder in uns erwecken und entdecken. Wer spielt oder kreativ ist, kann keine sorgenvollen Gedanken entwickeln. Spielen erweckt die Lebensfreude und bringt uns sehr viel Leichtigkeit ins Leben.

Pure Lebensfreude leben, wenigstens einmal am Tag.

Katzen lassen sich nicht beirren

Katzen lassen sich niemals beirren.

Katzen lassen sich nicht beirren, sie essen nur, was ihnen wirklich schmeckt.
Katzen lassen sich nicht beirren, sie tun nur, was ihnen gefällt.
Katzen lassen sich nicht beirren, sie werden niemals zu Sklaven.
Katzen lassen sich nicht beirren, sie lassen sich ihre Freiheit nicht nehmen.
Katzen lassen sich nicht beirren, wenn sie Ruhe brauchen, dann ruhen sie eben.

Katzen lassen sich nicht beirren,
wir Menschen sollten uns
auch nicht beirren lassen.

Genieße den Augenblick

Katzen genießen den Augenblick
Katzen leben im Hier und Jetzt
Katzen kennen keinen Stress
Katzen machen schöne Dinge
Katzen lieben die Freiheit
Katzen können gut entspannen
Katzen schlafen tief und fest.

Genieße diesen Augenblick, jetzt!

Distanz und Nähe

Distanz bedeutet Abstand halten. Nähe bedeutet einander nah zu sein. Jedes Lebewesen hat ein Anrecht auf eine Individualdistanz (eigener Sicherheitsabstand).

Katzen können sehr gut entscheiden, zu welchen Artgenossen oder Menschen sie lieber Distanz halten oder welchen sie ganz nah sein möchten.

Katzen haben eine sehr feine Wahrnehmung. Sie lieben Menschen mit einer ähnlich feinen Ausstrahlung bzw. Schwingung und wollen dann sehr nah sein. Wo sie sich unwohl fühlen und lieber Abstand halten möchten, zeigen sie durch ihren Ausdruck sehr eindeutig.

Menschen achten sehr oft nicht auf die nötige Distanz. Sie nehmen oft auch nicht wahr, wann Nähe sich nicht mehr gut anfühlt.
Bei sich selber missachten sie ihre eigenen Empfindungen, nur um andere Menschen nicht zu verletzen oder weil sie gefallen wollen. Dabei ist es sehr wichtig darauf zu achten, was einem gut tut und was sich nicht gut anfühlt.

Genau spüren, wann Distanz wichtig ist und wann es ganz nah sein darf.

Keine Erwartung

Katzen schenken uns ihre Liebe. Dies tun sie einfach so. Sie erwarten keinen Dank oder eine Gegenleistung. Sie tun es, weil sie es von Herzen tun wollen.

Es gibt Menschen, die geben gerne. Gleichzeitig verknüpfen sie aber damit einen Anspruch auf Dankbarkeit oder sogar eine Gegenleistung. Dieses Geschenk ist dann immer an eine Bedingung geknüpft. So ein Geschenk ist nie wirklich ein Geschenk des Herzens.

Etwas von Herzen schenken ist niemals an eine Erwartung gebunden. Es ist eine tiefe, bereichernde Freude.

Katzen verschenken aber bedingungslos ihre Liebe.

Von Herzen geben oder schenken, ohne eine Erwartung zu haben.

Trübsal blasen

„Trübsal blasen“ ist für Katzen ein Fremdwort. Katzen können lange in der Stille verweilen, als würden sie meditieren. Dann werden sie aber wieder plötzlich ganz aktiv und finden immer etwas, was ihnen Spaß und Unterhaltung bietet. Katzen sind sehr kreativ. Bevor es dann langweilig zu werden droht, kann eine Katze zum Beispiel eine Toilettenpapierrolle zum großen Spaßfaktor umfunktionieren. Sie kann damit kämpfen, sie rollen lassen, in dem Papier rascheln und toben. Sie hat einfach Spaß!

Die Menschen scheinen manchmal so antriebslos und wenig kreativ. Würden wir unsere Kreativität entwickeln, dann würde uns auch immer etwas einfallen, was uns Freude und Spaß bereitet. Einfach mal den Mut haben, neue Ideen auszuprobieren.
Aber stattdessen lassen sich viele Menschen täglich vom Fernsehen und den Medien berieseln. Sie lassen sich unterhalten und es scheint, als würden sie dabei noch „Trübsal blasen“ – richtig glücklich sind sie nicht. Sie konsumieren passiv, was ihnen von den Medien geboten wird. Passiv zu konsumieren macht aber nicht glücklich, im Gegenteil, es droht ein innerliches Erschlaffen und man fühlt sich noch viel schwerer. Wollen wir es verändern, dann sollte man einfach in Gedanken beginnen: Wie könnte man sein Leben aktiv gestalten, anstatt passiv zu konsumieren?

Kreativ und aktiv werden, anstatt Trübsal zu blasen, und ein erfülltes Leben leben.

Glückskatze

Zur Kolonialzeit wurden dreifarbige Katzen als etwas ganz Besonderes angesehen. Sie wurden bevorzugt auf Schiffen mitgenommen, damit sie Unheil abwehren und dem Schiff und der Besatzung Glück bringen sollten. Dies zeigt die große Verehrung der Katze, die sicherlich allein durch ihre Anwesenheit die Schiffsbesatzung so bereichert hat.

Jeder von uns kann ebenfalls durch reine Anwesenheit und Präsenz mit seiner positiven Ausstrahlung sehr viele Menschen bereichern. Wir können allein durch unsere Aufmerksamkeit und Achtsamkeit anderen Menschen für einen Moment etwas „Lebensglück“ schenken.
Wenn wir in andere Gesichter strahlen, werden wir diese auch zum Strahlen bringen.

Einfach nur da sein,
strahlen und Glück aussenden.

Katzenjammer

Katzen werden auch heute noch Gefühle und Emotionen abgesprochen, obwohl die Wissenschaft inzwischen diese Meinung widerlegt hat. Auch Katzen können sehr traurig sein und leiden. Dies können sie mit ihrem Katzenjammer richtig laut kundtun. Sie zeigen wieder einmal – egal, ob glücklich oder traurig – ganz klar ihre Gefühle.

Manche Menschen verstecken ihre Gefühle so sehr, dass sie manchmal selber gar nicht wissen, was sie wirklich fühlen. Äußerlich spielen sie die „immer freundlichen" Menschen, aber ihrer anderen Seite geben sie keinen Raum und verleugnen diese Gefühle. Dies kann große innere Spannung entstehen lassen, weil Ausdruck und körperliches Empfinden nicht in Harmonie sind. Warum nicht mal so richtig heulen und jammern, um alle Gefühle herauszulassen. Alle Gefühle gehören zu uns und es ist nicht immer möglich nur, positive Gefühle zu empfinden. Das Leben ist manchmal wie eine Berg- und Talfahrt. Sind wir in einem Gefühlshoch, also „oben auf dem Berg", erleben wir mehr angenehme Gefühle, während die Talfahrt uns auch Kummer und Traurigkeit beschert. Alle Gegensätze sind vereint.

Wo Licht ist, ist auch Schatten – wo Fröhlichkeit ist, darf auch Traurigkeit sein.

Allen Gefühlen freien Lauf lassen, sich erlauben, auch mal Katzenjammer zu haben.

Gute Laune

„Wenn ich zufällig einer Katze begegne und sehe,
wie sie die Pfoten setzt,
den grellen, starren, rätselhaften Blick auf mich gerichtet,
wenn ich den weichen Klagelaut höre,
mit dem sie mich in ein tiefsinniges Gespräch ziehen
zu wollen scheint,
hebt sich meine Stimmung,
wie tief sie auch gesunken gewesen sein mag."
Ricarda Huch

Ricarda Huch hätte es nicht treffender beschreiben können, eine Katze hebt immer das Stimmungsbarometer. Manchmal wirkt es so, als würden sich Katzen in kleine Clowns verwandeln. Sie spielen genau dann ihre Rollen, wenn sie spüren, dass wir traurig oder gedankenverloren sind. Wenn man so einem kleinen Clown dann in die Augen schaut, kann man einfach nur noch angenehme Gefühle empfinden.

Allein durch einen bewussten Blick, dadurch, dass wir einen Moment verweilen und etwas Besonderes beobachten, kann sich unsere Stimmung verändern. Dies muss sicherlich nicht immer der Blick in Katzenaugen sein, es gibt so viel Spannendes zu sehen.

Sich für positive Dinge öffnen und gute Laune haben.

Schnurren

Katzen zeigen ganz deutlich, wo sie sich wohlfühlen; sie schnurren und streichen den Menschen liebevoll um die Beine. Dies würden sie niemals tun, wenn sie sich nicht wirklich wohlfühlen.

Menschen sollten auch einfach mal zeigen, wo und bei wem sie sich wohlfühlen. Vieles wird als Selbstverständlichkeit angesehen, oder es geht bei dem Alltagsgeschehnis einfach unter. Anscheinend fällt es leichter, eher negative Worte oder Ärger auszudrücken als positive Worte, Lob und Anerkennung.

Dabei sollte es eine Selbstverständlichkeit sein, Wohlgefallen, Freude, Lob und Anerkennung auszudrücken und zu zeigen. Damit drücken wir anderen Personen auch unsere Wertschätzung aus (wir brauchen ja nicht zu schnurren).

Zeigen, wo man sich wirklich wohlfühlt, und es auch mit Worten ausdrücken.

Vertrauen und Achtsamkeit

Gerade Katzen aus dem Tierschutz haben leider lernen müssen, dass zum Beispiel eine Menschenhand nicht nur Futter geben, sondern auch schlagen und misshandeln kann. Dies macht die Katzen dann vorsichtiger und achtsamer. Dennoch gehen sie voller Vertrauen immer wieder auf die Menschen zu und gehen mit ihnen eine teilweise sehr tiefe Bindung ein.

Manchen Menschen fehlt die Achtsamkeit, für sich gut zu sorgen. Menschen lassen sich sehr oft von irgendwelchen verlockenden Angeboten verführen oder fallen darauf herein. Die Verlockung scheint so groß, dass die Achtsamkeit außer Acht gelassen wird.

Andere Menschen haben verlernt zu vertrauen. Sie sind vielleicht schon zu oft enttäuscht worden oder tragen sehr viele Ängste und Schamgefühle mit sich herum. Diese Menschen sollten wieder mehr auf ihre Intuition vertrauen lernen und achtsam für sich sorgen. Mehr Selbstvertrauen zu entwickeln hilft auch wiederum, Vertrauen für andere Menschen wachsen zu lassen.

Auf die Intuition oder innere Stimme zu hören ist ein wichtiger Begleiter für uns Menschen, denn unsere Intuition weiß um unsere wirklichen Bedürfnisse. Sehr oft schaltet sich aber unser Ego ein und lässt uns unsicher und mutlos werden. Unser Ego präsentiert uns wieder unsere Ängste und engt uns gleichzeitig ein, während unsere innere Stim-

me die Quelle unserer inneren Weisheit ist und uns hilft, die richtige Entscheidung zu finden.

Mit Vertrauen und Achtsamkeit und mit einer Prise Intuition durchs Leben gehen, dann sorgen wir für uns.

Komische Begegnungen

Sollte sich eine Katze wirklich einmal über etwas ärgern, wird sie kurz fauchen oder ihre Krallen zeigen, dann aber wird sie sich einfach umdrehen und weggehen. Und genau dann, wenn sie der Situation oder Begegnung den Rücken zukehrt, hat sich ihr Ärger auch schon erledigt und sie ist offen für Neues.

Unangenehmen Gefühlen wie Ärger, Wut usw. Raum und Ausdruck zu geben ist ganz wichtig. Genauso wichtig ist aber auch, dass Menschen dabei keine anderen Menschen körperlich oder verbal verletzen – sondern lediglich ihrem Unmut Raum geben. Dann sollten diese Gefühle auch einfach losgelassen werden, statt dass wir diese Gefühle noch in uns wüten lassen.
Loslassen und frei sein für Neues – so, wie die Katzen es tun.

Dem Unmut Raum geben,
loslassen und frei sein für Neues.

Übersicht behalten

Katzen lieben es, an erhöhten Platzen zu liegen oder zu ruhen. Sie haben dann Abstand von der Umgebung und behalten trotzdem die Übersicht.

Santo liebte es, erhöht zu liegen oder zu schlafen. Selbst wenn ihn fremde Besucher verunsicherten, fühlte er sich so sicherer – er hatte ja die „Übersicht". Viele andere Katzenarten lieben es auch, erhöht zu schlafen, denn es gibt ihnen mehr Schutz und Sicherheit.

Menschen verlieren sich so oft in ihrem Tun und Treiben. Dabei verlieren sie dann so manches Mal die Übersicht. Wenn man sich nun vorstellt, einfach seinen Standpunkt oder die Perspektive zu wechseln, oder es auch wirklich tut: aus einer Situation herauszugehen, sich in die andere Person zu versetzen oder auf einen erhöhten Platz wie z.B. einen Berg zu steigen, dann stellt sich automatisch eine andere, neue Sichtweise ein.

In verfahrenen Situationen oder wenn es scheint, als würde man die Übersicht verlieren – einfach mal die Perspektive oder den Standpunkt wechseln. Die Situation neu wahrnehmen, um so die Übersicht zu behalten.

Entspannt und zugleich wachsam

Katzen können sich sehr tief entspannen und dennoch zugleich auch wachsam sein. Durch diese Fähigkeiten sind sie sehr geschützt. Entspannt und wachsam zugleich zu sein ist gar nicht so einfach, aber Katzen beherrschen diese Kunst.

Menschen wirken manchmal sehr sorgenvoll oder ängstlich. Ihnen fehlt dann offenbar das Vertrauen ins Leben. Andere Menschen wiederum entspannen sich so sehr oder meditieren so intensiv, dass sie den Bezug zur Realität verlieren. Beides hilft uns aber nicht wirklich, um ein erfülltes Leben zu leben.

Ohne Angst und Sorgen, wachsam, entspannt und klar durchs Leben gehen, sollte unser aller Ziel sein.

Zugleich wachsam und entspannt durchs Leben gehen.

Einzigartig sein

Jede Katze ist absolut einzigartig. Sicherlich gibt es Katzen, die sich ähnlich sehen, dennoch haben sie ganz verschiedene Charakterzüge.

Jedes Lebewesen ist ein ganz besonderes Lebewesen und einzigartig. Dies vergessen wir Menschen manchmal. Etwas Besonderes und Einzigartiges zu sein sollte uns mit Stolz erfüllen.

Manchmal ist es auch nicht leicht, sich stolz zu fühlen. Lernen wir Menschen, es dennoch anzunehmen.

Wissen, wir sind ganz besonders und einzigartig – darauf können wir sehr stolz sein.

Negative Energien

Katzen kennen keine negativen Emotionen wie Neid, Rache, Zorn und Hass. Sie können sicherlich manchmal sehr wütend werden und zeigen dies auch mit ihren Reaktionen, aber zerstörerische Energien wie Neid, Rache, Zorn und Hass kennen sie nicht.

Ich bin der Meinung, dass dies den Katzen auch dieses besondere Lebensgefühl der Leichtigkeit vermittelt.

Solange Menschen noch an zerstörerischen Energien festhalten, werden sie ihre eigene Lebensenergie schwächen und sie werden nicht offen für das Gefühl des tiefen Glücks und der Lebensfreude sein.

Sich von negativen Energien befreien und frei werden.

Faul sein

Katzen sind Meister des Lebens. Sie zeigen uns – genau wie die Yogis –, wie wichtig Anspannung und Entspannung im Leben sind. Katzen wissen immer ganz genau, wann Zeit zur Entspannung ist, und egal, was ist und wo die Katze sich gerade befindet, sie wird immer ein geeignetes Plätzchen finden. Die Katze sorgt sehr gut für sich.

Die Menschen sind immer beschäftigt und geschäftig. Für einige Menschen bedeutet Entspannung so etwas wie „faul" sein und seine Zeit vergeuden. Dabei leben es uns die Kinder doch vor: einfach mal nichts tun und aus dem Fenster schauen. Gerade dieser kurze Entspannungsmoment bringt so viel neue Energie und erfrischt den Geist.

Nach jeder Phase der Anspannung sollte eine Phase der Entspannung folgen. Katzen sind darin sehr gute Lehrmeister – machen wir es ihnen doch nach.

Nach jeder Zeit der Anspannung ist eine Zeit der Entspannung geradezu Pflicht.

Einfach leben

Katzen haben keinen Terminplaner und denken nicht schon jetzt an einen besonderen Termin im nächsten Jahr. Sie kennen keine Zeitplanung, sie leben einfach.

Terminkalender und Zeitplanungen gehören sicherlich zum Leben der Menschen. Aber dennoch sind auch freie Zeiträume ganz wichtig. Lieber mal die freie Zeit nicht verplanen und ganz spontan tun, was uns gefällt. Wir sollten doch nicht unsere ganze Zeit fest verplanen. Dabei verlieren wir den Bezug zum bewussten Leben im Hier und Jetzt.
Wenn die Menschen schon eine ganz ausgefüllte Arbeitswoche haben, dann sollte das Wochenende ohne Terminplanung frei bleiben. Ist es nicht schrecklich, wenn selbst die Wochenenden schon lange voraus verplant sind? Wo bleibt denn da die wirklich „freie Zeit" zum spontanen Leben?

Es geht auch mal ohne Planung, einfach nur leben – jetzt.

Das kleine und das große Glück

Katzen sind einfach glücklich. Sie brauchen keine Gebrauchsanleitung oder ein Seminar, um dieses Gefühl zu erlernen, sie tragen es von ihrer Geburtsstunde an in sich.

Katzen definieren ihr Glück nicht über
super Reichtum, super Eigentum
oder super Job.

Eine Katze lebt ihr Leben sehr genussvoll, voller Leichtigkeit, und fühlt sich in allem erfüllt. Sie ist bestimmt schon glücklich, ein ruhiges, kuscheliges Schlafplätzchen zu haben. Sie empfindet Glück darin, am Morgen von den ersten Sonnenstrahlen wachgekitzelt zu werden. Sie wirkt sehr glücklich, wenn sie auf einem Ast in einem Baum sitzt. Eine Katze strahlt so viel Glückseligkeit aus, wenn sie uns um die Beine schnurrt und uns mit ihrem geheimnisvollen Blick zuzwinkert.

Manche Menschen sind immer auf der Suche nach dem großen Glück. Doch was ist das ***große Glück****? Und wie kann man das große Glück finden, wenn man das kleine, alltägliche Glück ständig übersieht?*
Was nutzt uns Menschen ein großartiger Job und Wohlstand, wenn uns schon das ***kleine Glück*** *fehlt. Geld wird uns sicherlich nicht dabei helfen, das wirkliche Glück zu finden.*

Mit offenen Augen
das kleine Glück täglich finden.

Frei sein

Katzen gehören zu den freiesten Wesen der Welt, weil sie eigenständig, unabhängig, selbstständig und sehr individuell sind. Katzen sind jederzeit bereit und in der Lage, ihren Weg zu gehen, auch allein, so, wie es ihnen gefällt.

Den eigenen Weg gehen bedeutet für uns Menschen auch manchmal, Neuland zu betreten und Altes, Vertrautes loszulassen. Aber nur so können wir wirklich unseren eigenen Weg gehen. Gehen wir immer nur Wege aus Bequemlichkeit oder Angst vor Unbekanntem mit anderen Menschen gemeinsam, ist es niemals wirklich unser eigener Weg.

Den eigenen Weg gehen und sich dabei selber treu bleiben – das soll nicht bedeuten, dass wir nicht mit anderen Menschen gemeinsam gehen sollen. Manchmal ist es sehr berührend, den Weg mit anderen zusammen zu gehen und Erfahrungen zu teilen.

Frei sein und den eigenen Weg gehen.

Freier Wille

„Eine Katze behält ihren freien Willen; auch wenn sie dich liebt, wird sie nichts für dich tun, was sie für unvernünftig hält.“
Theophile Gaultier

Katzen können lieben und dennoch ganz freie Wesen bleiben. Sie würden sich selber niemals für ihre Liebe aufgeben, denn ihre Liebe ist ganz frei und bedingungslos.

Menschen, die lieben, beginnen manchmal ihre Persönlichkeit aufzugeben und sich zu verändern. Oftmals wurde diesen Menschen in ihrer Erziehung vermittelt, dass sie durch Anpassung die größte Anerkennung bekommen. Sie leben nicht mehr ihre Wünsche und versuchen auch nicht, ihre Bedürfnisse durchzusetzen. Sie sind manchmal nicht mehr sie selber und leben ein unterdrücktes Leben. Wo so viel unterdrückte Emotionen vorhanden sind, kann keine wirklich bedingungslose Liebe fließen.

Freier Wille, sich selber treu bleiben und bedingungslos lieben.

Sieben Leben

In der Überlieferung heißt es, dass Katzen sieben Leben haben. Bei der Risikobereitschaft einer Katze ist dies ein großes Geschenk, denn so manche scheint ihre sieben Leben auch wirklich auszunützen. Katzen leben ihr Leben in vollen Zügen und genießen ihr Leben.

Menschen dagegen haben nur ein Leben! Das sollten wir uns täglich klar vor Augen führen, damit wir dieses eine Leben auch ganz bewusst leben.

Wenn wir einmal die Erde und unseren Körper verlassen, sollten wir von uns sagen können: „JA (!), ich habe in vollen Zügen gelebt, mein Leben war erfüllt und voller Freude. Ich habe mein Leben genossen, es war ein tolles Leben. Es war mein eigenes, erfülltes Leben."

Wer nicht so von sich erzählen könnte, der sollte schnellstens etwas an seinem Leben ändern! Die Lebensuhr läuft, nichts und niemand kann diese Zeit aufhalten.
Dieses eine Leben ganz bewusst leben, jede Sekunde, und keine Zeit sinnlos mit negativen Emotionen verschwenden.

Das eine Leben wirklich leben.

Geheimnisvolles Engelchen

Eine Katze kann wie ein zartes, sanftes Engelchen wirken und uns Menschen in ihren Bann ziehen oder uns durch ihren Blick verzaubern. Gleichzeitig kann sie uns aber auch ihre ungezähmte Wildheit zeigen, und dann kann nichts und niemand sie dressieren.

Zart und sanft sein und sich gleichzeitig mit der eigenen unbändigen, kraftvollen Energie verbinden würde uns Menschen zu genauso geheimnisvollen Wesen machen wie die Katzen.

Zart und sanft sein, dennoch mit der eigenen Kraft verbunden sein.

Trauer auflösen

Man erzählt, es gibt Feen, die irgendwann in ihrem Dasein
auf Erden wandeln, nur für kurze Zeit.
Sie kommen zu Menschen, die Traurigkeit im Herzen haben.
Sie nehmen die Tränen aus jedem Herz
und verbreiten Glück
und Liebe, immerfort.
Sie werden so lange bleiben, bis die Herzen im gleichen Takt
schlagen und die Seelen sich verbinden, für immer.
Dann schaut den schnurrenden Geschöpfen
auf dieser Welt
tief in die Augen – und ihr werdet Feenstaub darin sehen –
in allen Katzenaugen.

(Verfasser unbekannt)

Wir alle sind in unserem Leben schon einige Male verletzt worden und haben aus Angst vor weiteren Verletzungen eine Schutzmauer vor unserem Herzen aufgebaut. Diese blockiert aber unsere Gefühle wie Traurigkeit und Freude.

Ich kann es sehr gut nachempfinden, was der Verfasser dieser Zeilen ausdrücken wollte – denn mein Santo lag immer an meinem Herzen und hat sich so manches Mal durch meine Schutzmauer geschnurrt. Er hat mir sicherlich so einige Blockaden vor meinem Herzen gelöst, damit es heilen durfte.

Unsere Seelen haben sich verbunden... und ich konnte den Feenstaub in seinen wunderschönen, magisch blauen Augen sehen.

Wir sollten all diesen wundervollen Geschöpfen danken, sie achten und respektvoll mit ihnen umgehen. Katzen (und andere Tiere) haben es nicht verdient, wie eine Wegwerfware behandelt zu werden. Katzen leiden in den Tötungsstationen und Tierheimen.

Wir sollten dankbar für solche oder ähnliche Erfahrungen sein und unsere Schutzmauer Stein für Stein wieder abbauen, um so zu unserem strahlenden Wesenskern zu gelangen.

Seelenverwandtschaften

Katzen sind meistens Einzelgänger, aber sie können auch gut in Gemeinschaften leben. Einige Katzen arrangieren sich sehr gut, andere wirken wie unzertrennlich.
Katzen, die so vertraut zusammenleben, haben auch eine ganz besondere Verbindung zueinander – sie sind seelenverwandt.

Ähnlich ist es auch in der Mensch-Tier-Beziehung. Es gibt sehr intensive Mensch-Tier-Beziehungen, und jeder Mensch liebt natürlich sein Tier. Dann gibt es aber Beziehungen, die gehen noch mehr in die Tiefe, und es besteht ein magisches Band zwischen Mensch und Tier. So war es auch mit meinem Kater Santo. Er war mir so nah und vertraut, und so manches Mal hatte ich das Gefühl, er ist mir näher als ich mir selber. Nach und nach wurde mir klar, dass wir eine ganz besondere Beziehung zueinander hatten.

Bei uns Menschen ist es ähnlich, manche Menschen finden einander sehr nett; andere Menschen wirken nach der ersten Begegnung schon so vertraut und man hat dann das Gefühl, diese Menschen schon eine Ewigkeit zu kennen. Diese tiefe Vertrautheit ist ein ganz besonderes Geschenk, die Seelen schwingen auf einer Ebene.

Sich der tiefen Vertrautheit der verschiedenen Seelen öffnen.

Lebensspuren

Das einzig Wichtige im Leben sind die Spuren der Liebe, die wir hinterlassen, wenn wir weggehen.

Katzen hinterlassen immer viele Spuren, auch in unseren Herzen.

Von den Katzen können wir lernen, Spuren der reinen, bedingungslosen Liebe zu hinterlassen.

Wir sollten auch versuchen, möglichst viele Spuren der Liebe zu hinterlassen.

Diese Spuren werden nie verschwinden....

Botschafter

Vor Tausenden von Jahren wurden Katzen als Götter verehrt.

Sie tragen dies noch heute in sich, sie sind wichtige Botschafter für uns Menschen.

Katzen sind unsere Lehrmeister. Sie lehren uns das Spiel des Lebens:

- neugierig und stets offen für neue Erfahrungen zu sein
- sich immer um sich selber zu kümmern
- in Freiheit und Unabhängigkeit zu leben
- voller Selbstvertrauen dem eigenen Weg zu folgen und der Intuition zu vertrauen
- stets kreativ, aktiv und wach zu sein
- blitzartig zu handeln
- Geduld zu haben
- vitale Lebensenergie aufzubauen
- seine Interessen und Ziele zu verfolgen
- entspannt und wach durchs Leben zu gehen
- ein Leben ohne Stress zu führen
- Bedürfnisse immer zu zeigen
- Gefühle klar und eindeutig zu zeigen
  und spielerisch durchs Leben zu gehen, um so die Ziele zu verfolgen.

Danksagung

Zu allererst danke ich von Herzen allen Tieren,
die meinen Weg bereichert haben.

Danke an meine Seelenverwandtschaften
Santo und Santino.

Vielen Dank an Werner Vogel, den dieses Projekt sofort angesprochen hat und der es mir zugetraut hat, es in so kurzer Zeit zu erweitern und zu vervollständigen.

Von Herzen Dank an zwei wunderbare Menschen in meinem Leben, Frank und Ricardo, dafür, dass ihr mir so nah seid, und für eure liebevolle Unterstützung.

Danke an Frau Ingwersen, die immer weiß,
was meine Seele bewegt.

Danke an Agnes und Sonja für eure Liebe und euer Vertrauen. (Wer mehr über Agnes und Sonja erfahren möchte, möge bitte unter www.duoibiza.net bzw.
www.animal-help-espania.de nachschauen)

Lieben Dank an Volker und Elisabeth Schütz, eure Mühle und das Windlicht sind für mich ein Kraftort der Heilung und Kreativität geworden.

Jenny Landsmann möchte ich danken, da sie mir durch die Liebe zu den Tieren eine gute Zuhörerin und Freundin geworden ist.

Danke an Frau Bauernfeind, die mir immer wieder zeigt, welche enorme Kraft und bedingungslose Liebe eine Frau aufbringen kann, wenn sich das Leben des eigenen Kindes durch einen Unfall gravierend verändert (und für die Unterstützung, wenn`s mal eng wird).

Sabina Pilguj

Ein Teil meiner Einnahmen aus diesem Buch
soll dem Tierschutz zufließen.

Weitere Bücher aus dem Verlag Via Nova:

Was mir meine Tiere schenken

Das Glück der Lamafrau

Maria Köllner

Paperback, 200 Seiten, 20 Fotos, ISBN 978-3-86616-111-5

Wie schon in ihrem ersten Buch „Die Lamafrau – mit Mut in ein neues Leben" lädt die Buch- und Filmautorin sowie Journalistin Maria Köllner die Leser auf ihren idyllischen Hof „Ave" in der Lüneburger Heide ein. Mit viel Gefühl und Humor beschreibt sie, nachdem ihre jüngste Tochter das Haus verlassen hat, ihr verändertes Leben, neue Begegnungen, Erlebnisse und Erfahrungen mit Tieren, mit Menschen und sich selbst. Glück, Vertrauen und Geborgenheit, Lebenskraft und Lebensfreude, die sie dabei empfindet, gibt sie an ihre Leser weiter. Dieses Buch – mit schönen, ansprechenden Fotos der Tierfotografin Angela Kraft – erzählt und veranschaulicht, wie ein Leben mit Tieren und der Natur spannend, erheiternd und bereichernd sein kann, besonders für die Menschen, die sich durch die Komplexität und Hektik der modernen, meist städtisch geprägten Welt gestresst und überfordert fühlen. Es ist eine Einladung in die wunderbare Vielfalt des Lebens.

Mach mehr aus deinem Leben!

20 Schlüssel,Ausstrahlung und Attraktivität zu verbessern

Frank Ihle

Paperback, 160 Seiten, ISBN 978-3-86616-126-9

Menschen sind oft unsicher im Umgang mit sich selbst und mit anderen, fühlen sich minderwertig und haben Probleme, einen passenden Partner, eine Partnerin zu finden. Der Autor Frank Ihle erforscht seit Jahren Möglichkeiten und Wege, wie Menschen ihre Lebensqualität steigern können. Er vermittelt in diesem Ratgeber und Arbeitsbuch seine Erfahrungen und Erkenntnisse, zeigt auf, wie man mit 10 „äußeren Schlüsseln" selbstbewusst sein Aussehen und Auftreten verbessern und mit 10 „inneren Schlüsseln" Charakter, Geist und Psyche, seine inneren Werte positiv entwickeln kann. Der Leser kann sich mit Hilfe dieses Ratgebers Kenntnisse erarbeiten, sie anwenden und entsprechende Verhaltensweisen und Einstellungen trainieren, um sie bis ins Unterbewusstsein hinein als Ausdruck und Ausstrahlung seiner Persönlichkeit zu festigen. Ein klarer Aufbau, eine deutliche, eindringliche, z.T. humorvolle Sprache erleichtern das Lesen.

Liebe dich selbst, sonst liebt dich keiner

Ein neues Selbstwertgefühl für Frauen

Irene Goldmann

Hardcover, 168 Seiten, ISBN: 978-3-86616-125-2

Warum fällt es Frauen heute trotz besserer Möglichkeiten so schwer, ihr Leben glücklich zu gestalten? Dieser Frage geht die Autorin nach und kommt auf überraschende Antworten: Die Vorstellung von der Liebe als einer Art „Schlaraffenland" ist es, die verhindert, in der Partnerschaft das ersehnte Glück zu finden. Viele Frauen haben nicht genügend gelernt, sich um sich selbst zu kümmern, sich selbst zu lieben. Warum aber mangelt es Frauen an dieser Fähigkeit, die doch die Grundlage für persönliches Glück ist? Auf der Basis jüngster wissenschaftlicher Forschung erklärt die Autorin nicht nur, wie dieser Mangel entsteht. Sie macht auch deutlich, dass es möglich ist, Selbstliebe zu lernen, und begleitet Frauen auf diesem Weg. Sie zeigt ihnen, wie sie ihre Bedürfnisse optimal befriedigen, ihr Leben glücklich und sinnerfüllend gestalten und zu seiner einzigartigen Bedeutung vordringen können, um dann wirklich fähig für wahre Liebe und Partnerschaft zu werden.

50 Wege, loszulassen und glücklich zu sein

Wegweiser, Vergangenes loszulassen und glücklich in der Gegenwart zu leben

Chuck Spezzano

6. Auflage

Hardcover, 168 Seiten, ISBN 978-3-936486-20-9

Dieses Buch des weltweit bekannten Lebenslehrers Chuck Spezzano ist ein wichtiger Wegweiser für alle, die einen Ausweg aus ihrer Lebenskrise suchen, eine Veränderung in ihrem Leben herbeiführen und eine bessere und glücklichere Gegenwart und Zukunft für sich eröffnen wollen. In kurzen und einprägsamen Lektionen erklärt der Verfasser an vielen Beispielen, wie alte Muster aus der Vergangenheit unser Handeln in der Gegenwart beeinflussen, und macht deutlich, dass wir nur dann wahrhaftig glücklich sein können, wenn wir die Fähigkeit entwickeln, Vergangenes loszulassen. Die Wahrheit seiner Lehren und Prinzipien erweist sich immer wieder in ihrer praktischen Umsetzung im Alltag, ganz gleich, ob die Krise durch den Verlust einer Beziehung, den Tod eines geliebten Menschen oder den Verlust der Gesundheit oder des Arbeitsplatzes ausgelöst wurde. Dieses Buch wird zu einem Ratgeber, Lehrer und weisen Freund werden, der dem Leser jederzeit hilfreich zur Seite steht.

Das kleine Buch der Lebenskunst

Lebensweisheit, die wir in der Schule nicht lernten

Peter K. Keller

Hardcover, Geschenkbuch, 192 Seiten, ISBN 978-3-86616-096-5

„Alles hat man herausgefunden, nur nicht, wie man lebt", schrieb Jean Paul Sartre.Auch unsere Erziehung hat uns meist nicht beibringen können, welche Energien in uns stecken, wie wir diese entdecken, entfalten und zum eigenen Wohl und für unsere Mitwelt wirkungsvoll und heilsam einsetzen. Das Buch von P.K.Keller regt an, über das eigene Leben nachzudenken, und zeigt in kurzen Reflexionen und Geschichten anschaulich und humorvoll Lebens und Überlebensstrategien auf. Die einzelnen Denkanstöße, die auch selektiv gelesen werden können, sind Ergebnisse reicher Erfahrung und können dem Leser helfen, seine Probleme besser zu verstehen und zu bewältigen. Zusammenfassungen und Affirmationen prägen sich ein und ermutigen, die Erkenntnisse im Alltag umzusetzen. Dieses Buch der Lebenskunst ist ein Schlüssel zur Erfüllung der eigenen Wünsche, zur sinnvollen und erfolgreichen Lebensgestaltung.

Das kleine Buch der Lebensweisheit

Lebenskunst im Alltag

Peter K. Keller

Hardcover, Geschenkbuch, 192 Seiten, ISBN 978-3-86616-132-0

Wie schon „Das kleine Buch der Lebenskunst" bietet auch dieses neue Buch P. K. Kellers praktische Lebenshilfe im Alltag. Aus den anschaulich und humorvoll beschriebenen Lebensweisheiten, die auch selektiv gelesen werden können, kann der Leser immer wieder Erkenntnisse gewinnen, die sein Leben bereichern, die Wissen mit Liebe verbinden und die ihm helfen, seine Zeit und Energie für sinnvolle Ziele einzusetzen, seine Alltagsprobleme zu lösen und sich dabei wohlzufühlen. Der Autor versteht es, schwierige Sachverhalte und Zusammenhänge einfach darzustellen. Er schreibt glaubwürdig und überzeugend aus eigener Erfahrung, fördert die Selbsterkenntnis und Eigeninitiative des Lesers. Seine direkte Ansprache und die Einbeziehung des Lesers schaffen Vertrautheit. Ratschläge und Affirmationen prägen sich ein und regen an, sie im Alltag anzuwenden. Ein Register ermöglicht schnellen Zugriff auf wichtige Fragen und Antworten.